カルト宗教信じてました。

たもさん

彩図社

どうも
たもさんです
このたびは
本書を手に取っていただき
誠にありがとうございます
突然ですが皆様
このような人たちをご存知ですか？
ピンポ～ン
こんにちは
あ～
英会話
ABC
JW.
ORG
めざめよ
ものみの塔
「エホバの証人」という宗教なのですが
家に突然ピンポンしてきたり
駅前で立っていたりする人たちです
実はわたくし
その宗教に
25年間ドップリ
浸かっておりました

皆様はカルト宗教について
どのようなイメージをお持ちでしょうか?
・お金
・変な儀式
・過激
・洗脳
こんな感じでしょうか
それ 大体あってます
※個人の感想です
「ウチは違う」とか
言わんで下さい
普通の感覚の人からすれば
どうして
カルト宗教
なんて
入るの?
洗脳されてるって
どうして
気づかないの?
とお考えでしょう
ごもっともです
私は 小5から35歳まで
ずーっと洗脳されてましたので
その疑問に少しは
お答えできると思います
なお
これは私自身の体験をもとに
事実を再構成したものですが
人物名は全て仮名です
また 特定の団体や個人
信仰の自由を
否定する意図は全くありません
ホントだよ!!

知らない人のために
「エホバの証人」ってなに?
ザックリ解説
「知ってるよ〜!!」って人はナナメ読みしてね!
エホバの証人とは 1870年代のアメリカで「チャールズ・テイズ・ラッセル」というフリーメイソンのおじさんが始めた宗教です
聖書を教典としているので位置づけは一応キリスト教です
信者数は2017年の時点で全世界でおよそ846万人
(エホバの証人の公式ウェブサイトより)
いろんな国に信者がいてどこへ行っても大歓迎されます
「エホバ」というのは聖書にある神の名前 本当はヤハウェと発音するらしいがなぜか「エホバ」にこだわる
布教することを「証言する」と言います
「証人」というのは裁判で証人が証言するように エホバ神こそが正しいということを証しする人という意味である
(聖書のイザヤ43章10節より)
信者は 見た感じ穏やかで人の好さそうな感じですが
一般人とはかけ離れた特殊な環境のため精神を病む人が非常に多く うつ病や原因不明の難病にかかる人がとっても多いのです

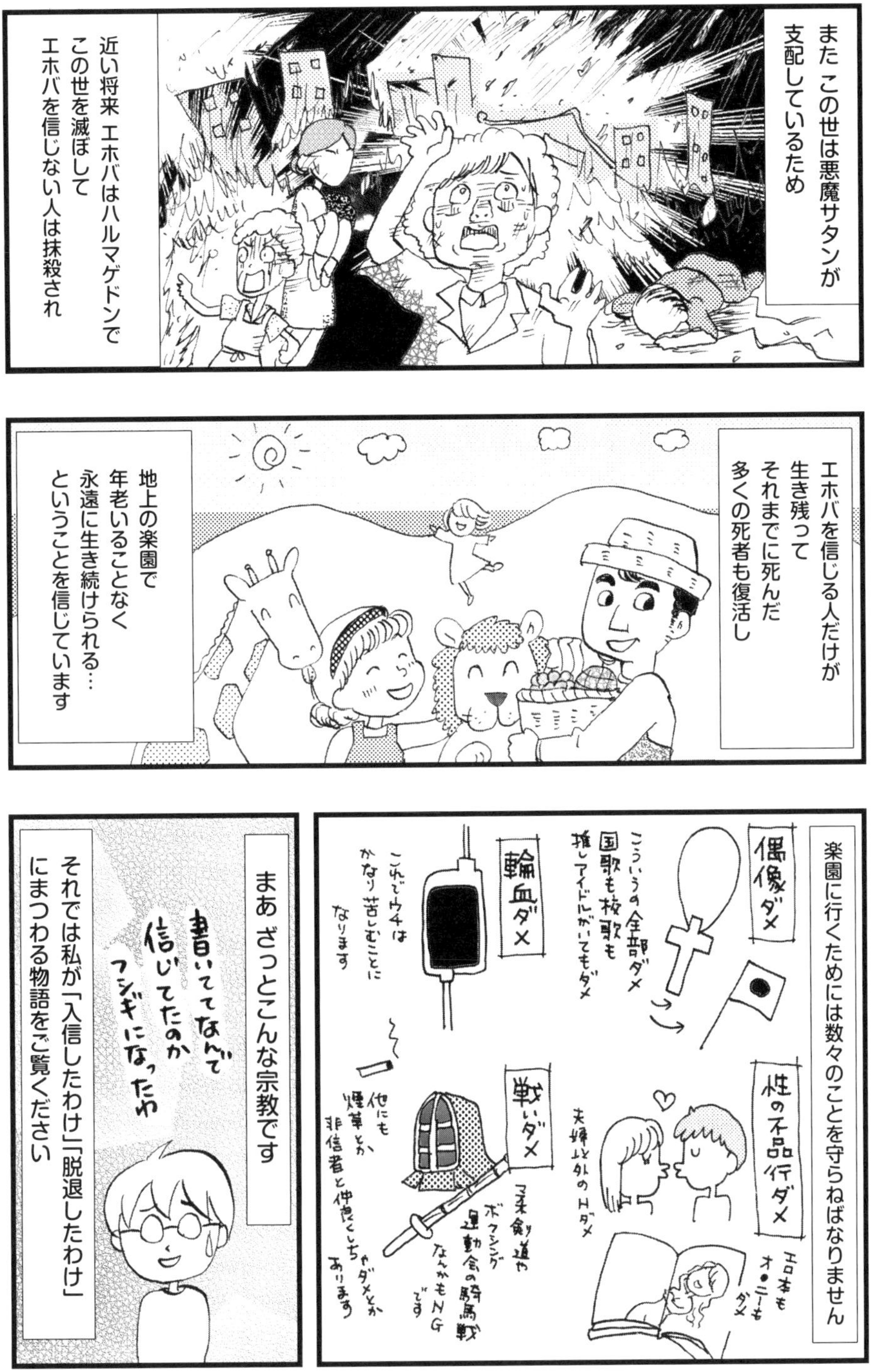
また この世は悪魔サタンが支配しているため
近い将来 エホバはハルマゲドンでこの世を滅ぼして エホバを信じない人は抹殺され
エホバを信じる人だけが生き残って それまでに死んだ多くの死者も復活し
地上の楽園で年老いることなく永遠に生き続けられる…ということを信じています
楽園に行くためには数々のことを守らねばなりません
偶像ダメ
こういうの全部ダメ 国歌も校歌も 推しアイドルがいてもダメ
性の不品行ダメ
夫婦以外のHダメ
エロ本も オ●ニーも ダメ
輸血ダメ
これでウチは かなり苦しむことに なります
戦いダメ
剣道や ボクシング 運動会の騎馬戦 なんかもNG です
他にも 煙草とか 非信者と仲良くしちゃダメとか あります
まあ ざっとこんな宗教です
書いてて なんで 信じてたのか フシギになったわ
それでは私が「入信したわけ」「脱退したわけ」にまつわる物語をご覧ください

カルト宗教 信じてました。

もくじ

第1話　母が宗教にハマった日

母は 地方の農家の長女として生まれ
結婚して初めて地元を離れ
見知らぬ土地に移り住んだそうです
新婚当初は寂しくて
実家の方向を眺めて涙していたと聞きました
「男の子が生まれるまでは」と
10年の間に4人の子どもを出産し
ママ みてみてー
ちょっと きいてよ ママー
ギャーン
母は毎日 家事と育児に
追われるようになりました
おまけに父は
家のことは一切やらない人で
私は 母が家でくつろいでいるのを
見たことがありません
母は純粋すぎる人でした
騙されやすく
数万円する教材や数十万円する鍋を
買っては父に怒られていました
でも
ずっと使う
ものだから…!!
こりてない
世界の名作 1
世界の名作 2
世界の名作 3
世界の名作 4
世界の名作 5
そんな母が出会ったのが
あなたの家族生活を幸福なものとする
エホバだったのです

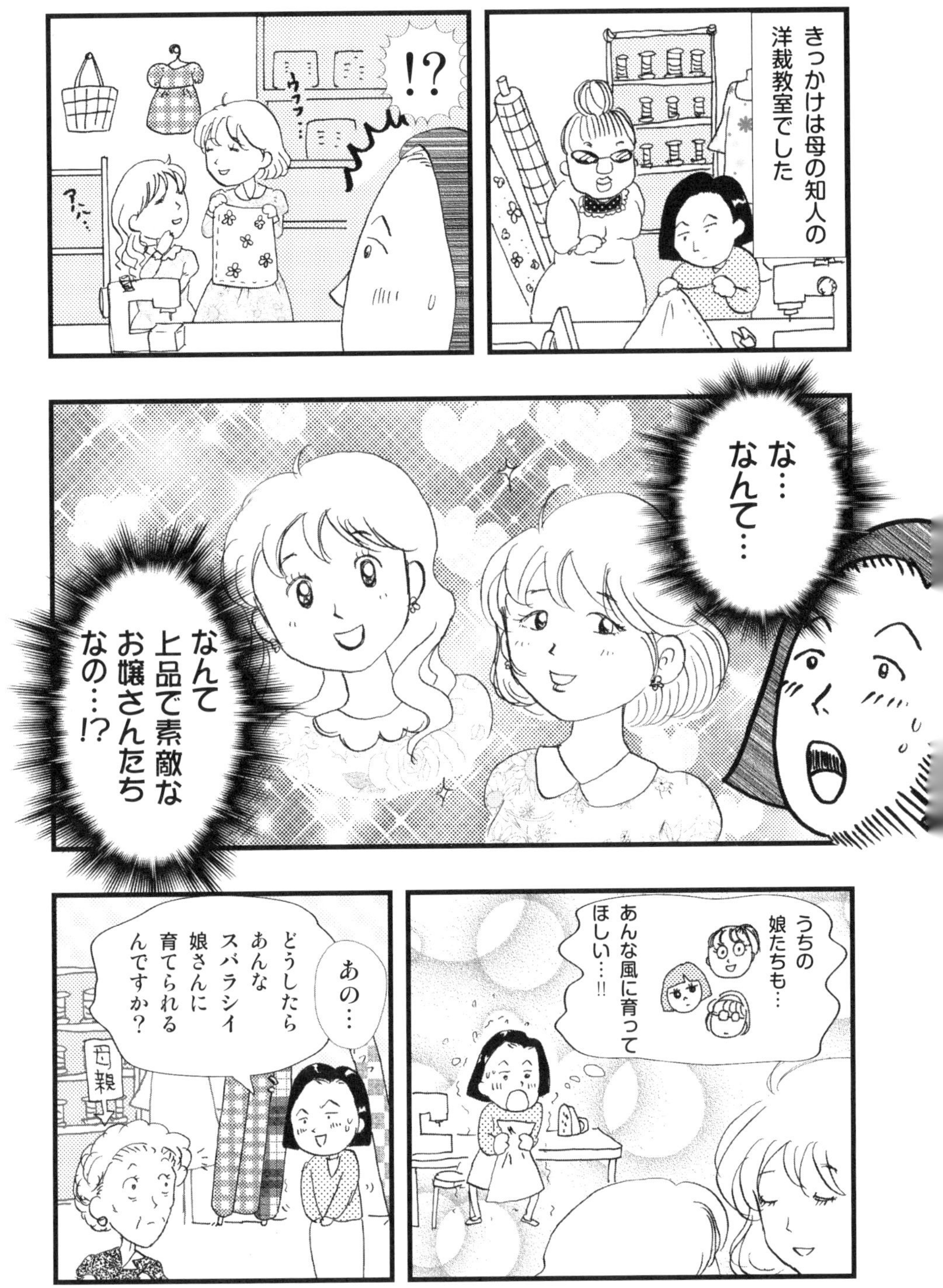
きっかけは母の知人の洋裁教室でした
!?
ウフフ…
アハハ…
な…
なんて…
なんて上品で素敵なお嬢さんたちなの…!?
うちの娘たちも…
あんな風に育ってほしい…!!
あの…
どうしたらあんなスバラシイ娘さんに育てられるんですか?
母親

!?
がっ
とても良いことを
聞いて
くださったわ!
じつは私
聖書を学んで
いるのですの!!
私たちも聖書の方法で
育てられて
とても感謝しているんですよ!!
せ…
聖書?
こうして母は
エホバの証人と
出会ったのです
4人も
育てるのは
大変でしょ
本当に
よくやって
おられるわ
何か悩みは
ありませんか?
ハイ…
あの
どうして
子どもって
親がちゃんと
育てていても
病気になったり
ケガをしたりする
のでしょうか…

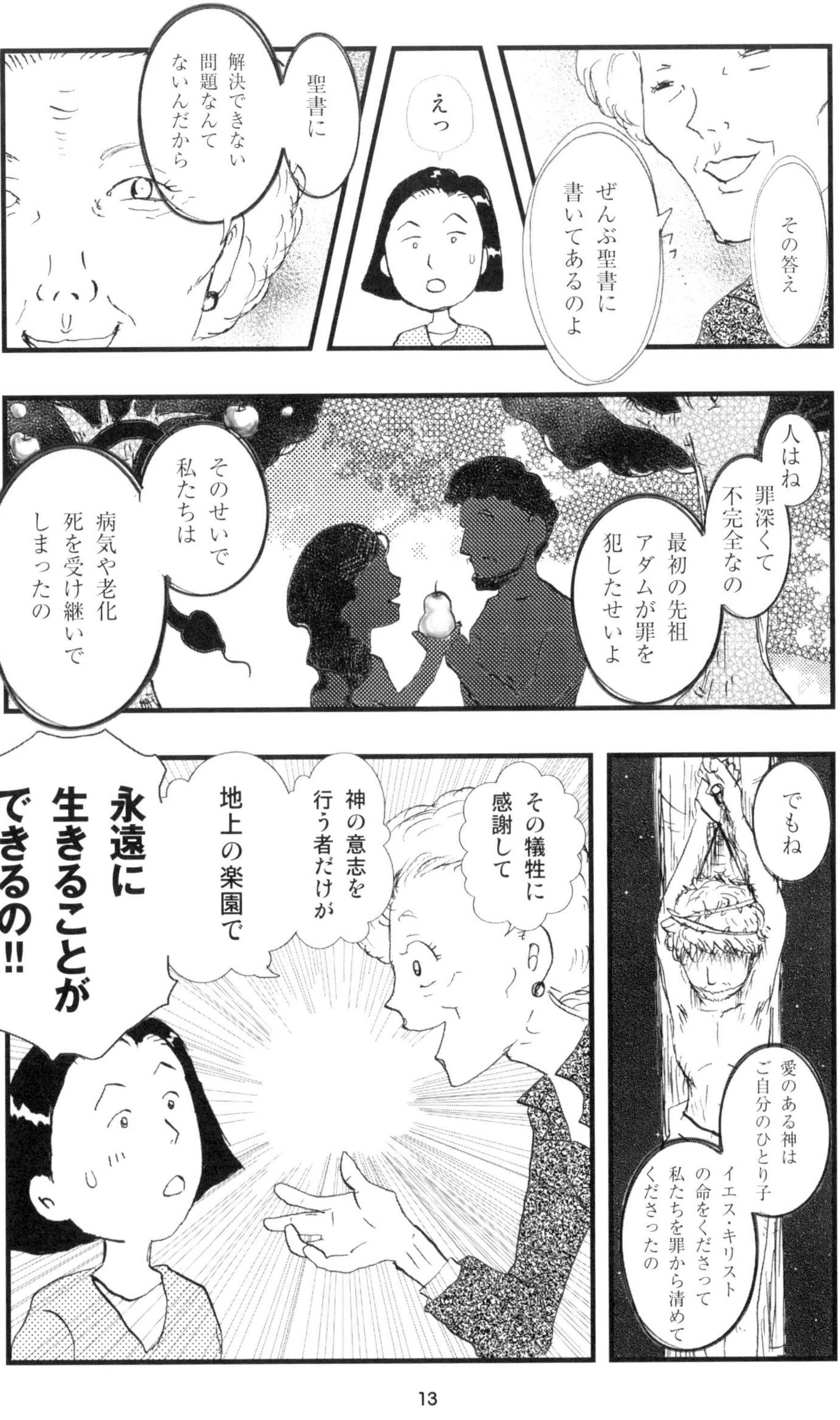
その答え
ぜんぶ聖書に書いてあるのよ
えっ
聖書に
解決できない問題なんてないんだから
人はね
罪深くて不完全なの
最初の先祖アダムが罪を犯したせいよ
そのせいで私たちは
病気や老化死を受け継いでしまったの
でもね
愛のある神はご自分のひとり子イエス・キリストの命をくださって私たちを罪から清めてくださったの
その犠牲に感謝して
神の意志を行う者だけが
地上の楽園で
永遠に生きることができるの!!

楽園…!!
楽園での生活は まさしく母の 理想とする 生き方だったようです
母も家族一緒に幸せに なりたかったのでしょう
母はすぐに エホバの証人の 集会に出席し
希望によって喜びなさい たゆまず祈りなさい。
布教活動にも参加しました
よく進歩されて 素晴らしいわ!
励まされるわぁ〜
信者は新人に声をかける ように指示されているため 新人はよく褒められます
母は 初めて周りから 認められて 褒められて そこに居場所を 見い出したのかもしれません

私は 宗教に走る女と不倫に走る女は似ていると思います
どちらも寂しい人で心のスキマを突かれ甘い言葉に乗せられ…
夫や家族以外に拠り所を見つけてしまうのです
もし母がもう少し自立した女性で
もう少し自分に優しくひとりでも心許せる友人がいたら
母が神に抱かれることはなかったのかもしれません
そして母の「不倫相手」は
大家族の中たったひとりで信仰を保つのは難しいでしょう
ひとり
味方につけるのはどうかしら？
私をも取り込もうとしていました

第2話　母に騙されて

たっちゃん
あなた中学入学前に英語を勉強しておいたほうがいいわ
近所に教えてくれるお姉さんがいるから いってきなさい
お母さんが習い事をやれなんて言うの珍しいな～
エレクトーンはやめろやめろって言うくせに…
ピンポ～ン
ここかな
ガチャ…
ドキドキ
あら…
いらっしゃい よく来てくれたわね
すごい美人!
さあ あがって

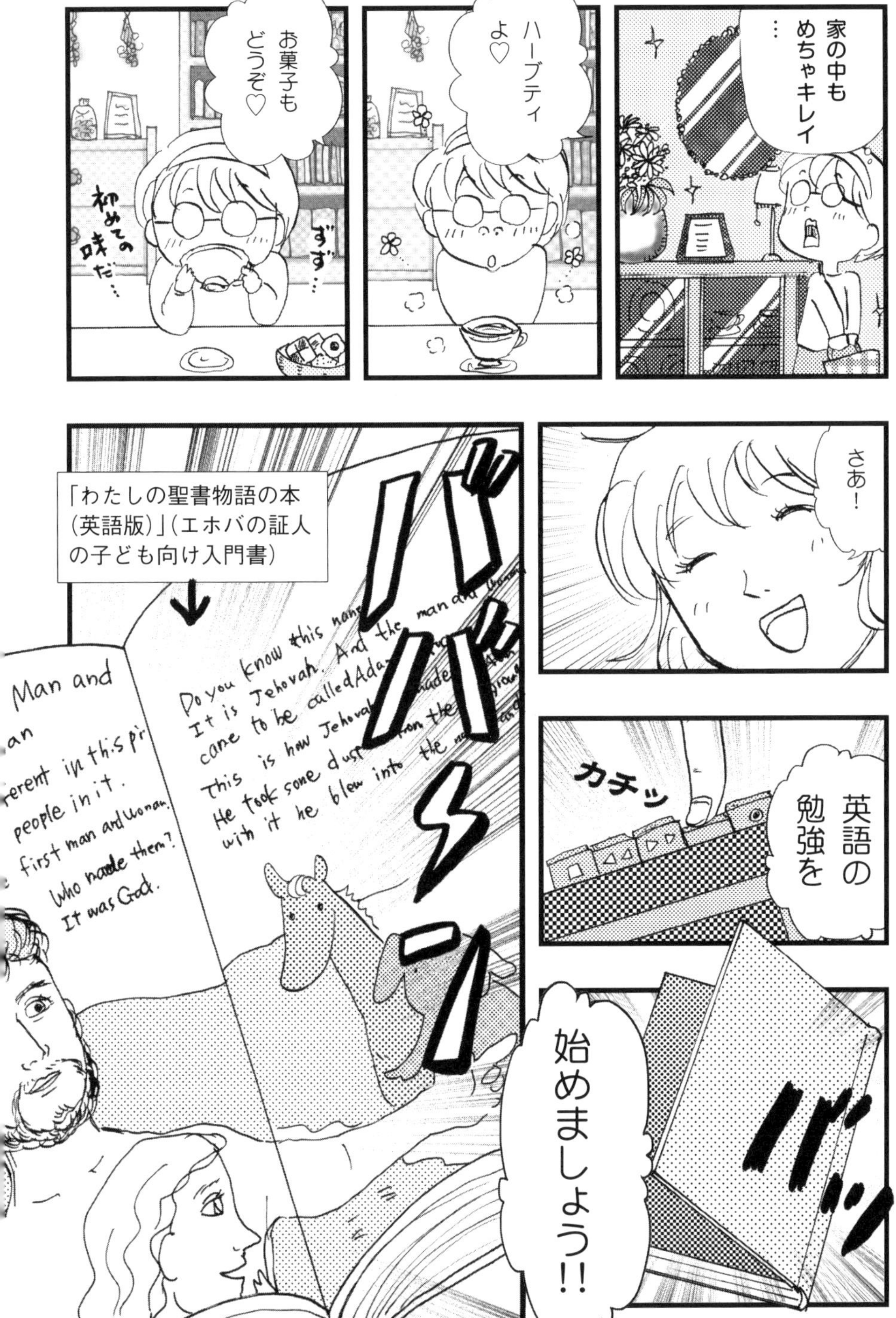

家の中も
めちゃキレイ
…
ハーブティよ♡
お菓子も
どうぞ♡
ずず…
初めての味だ…
さあ!
カチッ
英語の勉強を
始めましょう!!
バッ
「わたしの聖書物語の本（英語版）」（エホバの証人の子ども向け入門書）
ババーン
Man and
people in it.
first man and woman.
Who made them?
It was God.
Do you know this name
It is Jehovah. And the man and woman
came to be called Adam
this is how Jehovah
He took some dust from the
with it he blew into the

なにこれ…
英語の勉強?
?
数日前
あの…
主人が反対し始めて怖いんです…
大家族の中でひとりで信仰を保つのは大変でしょう
ひとりでも味方を作っておくのはどうかしら?
味方…
父のガード堅し
は!? 絶対イヤ
待望の長男
勉強キライ
います!!
ちょうどいいのが!!
…というわけで比較的おとなしくて断れなさそうな私が選ばれ見事に騙されたのでした…
まあええごっちゃあええごだけど…
?
Jehovah God
Adam and Eve…

そして
英語のレッスンという
体裁でしていたエホバレッスンは
いつの間にか
本当のエホバレッスンになり
「ヤバイ」と内心思いつつも
ん？
なぜか…
「やめる」とは言えなかったのです
エホバの証人に接したことの
ある人は分かると思いますが
エホバの証人は美人が多いです
美人といっても
今風のおしゃれさんというよりは
古風な美人なのですが
オハヨウ
ゴザイマス
いつも笑顔で礼儀正しくいるよう
教育されているからだと思います

そんな美人に
ほだされてしまった小5の私
では 一節から
読んでみてください
ん!?
なに
この文章
分かりにくっ!!
生の目的は
何ですか
え これ日本語だよね?
3回くらい読み返しても
全然入ってこないんだけど…
ハイ!
よく読めました
では質問です
「永遠の命が
単なる夢ではないと
どうして言えますか?」
エッ
探せ…どこかに
答えっぽいのが
あるハズだ…
え…
え——と…
「〜」です
たっちゃん
すご〜い♡♡
じゃ
その箇所に
線引いといて♡
あってた…
こうやって 難解な文章を
繰り返し読み 答えを探し続けて
ちょっとずつ
洗脳されてゆきます

※エホバの証人の本部や支部の名称

当時は空前のオカルトブーム
世紀末ということもあり
ノストラダムスの大予言や
死後の世界などが
TV画面を賑わせていました
1999年
7の月…
恐怖の大魔王が
くるだろう…
Natural
核の脅威
大霊界
UFO襲来
ハレー彗星
こわいなぁ…
本当に人類滅亡するのかな…
人って死んだらどうなるの…？
えーっ
6-2
うそーっ
ここだけの話 政府がシェルター作ってるらしいぜ
え… 本当!?
でも エライ人とかお金持ちしか入れないんでしょ!?
勉強しても死んじゃうなら意味ないのかなァ？
なぁ 人って死んだら本当に霊界に行くのかな
ど どうなるの かなァ…
ママが言ってたけど 六文銭の代わりに5円玉を持っておけば天国に行けるらしいよ
5円玉集めて おかなきゃ…
15

ん？
死んだら どうなるかって？
そんなもん死んでみないことには分からん
とにかく死ぬときに「いい人生だった」って思えるように悔いのないよう生きればいいだろ
それよりコーヒー淹れて
うん…
コポ
コポ
たっちゃん
どうしてお父さんにあんなこと聞くの？
そういう質問はあのお姉さんにしたらいいじゃない
お父さんのは真の答えじゃないわ エホバの証人こそが真理よ
とても良い質問ね よく聞いてくれたわ
では聖書から調べてみましょう
まずはここを見て「死んだ者には何の意思もない」―伝道の書9：5
つまり聖書は人が死ぬと「無」になる全くの無意識状態になると教えているのよ

たっちゃんは熟睡しているとき寂しかったり怖かったりする？
…いいえ…
そうでしょう？死は深い眠りと同じよ何も怖いことはないわ
天国とか地獄とか言うと思ってたけれど
あんがい現実的なんだなァ…
あ あの じゃあ ノストラダムスの予言って…
ふふっ
ノストラダムスの予言なんてデタラメよ
え!? じゃあ…
でも「ハルマゲドン」は必ず来るわ
聖書には「終わりの日のしるし」が預言されているのよ
戦争
飢きん
環境破壊など…
ニュースを見てみるとこれらが全て成就しているでしょう

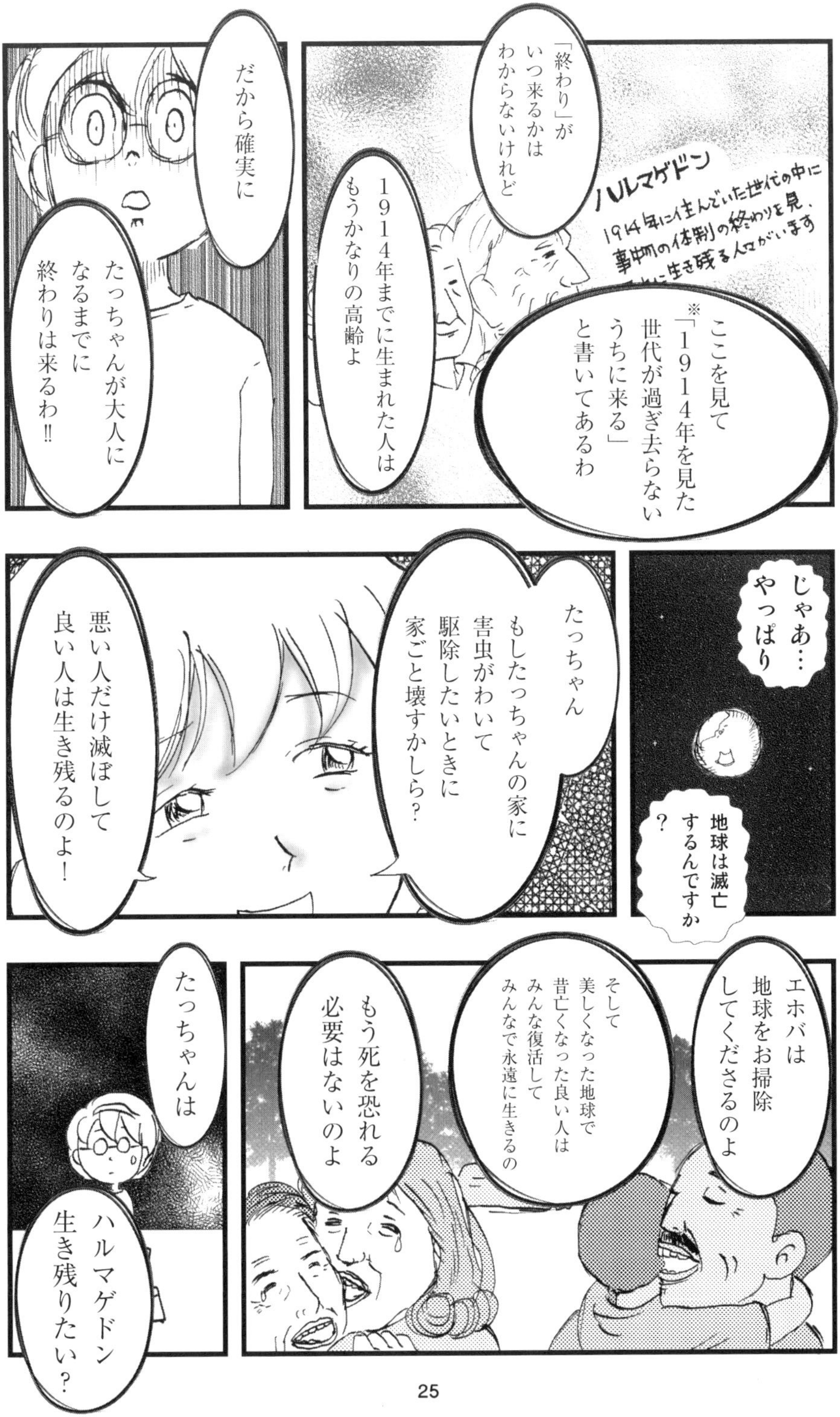

※今はこの教理は廃止されたようです

はい…
「終わり」や「楽園」の話で
私の死への恐れは
徐々にうすれていきました
さぁ!!
お茶にしましょう
今日は
レモングラスよ♥
わー
いいにおい…
私は自分でも
気づかないうちに
エホバの証人の教えを
受け入れていったのです
えっ!?
ハルマゲドン!?
そうなんだよ
シェルターも
いらないんだよ
良い人が
生き残って
悪い人だけが
滅ぼされるんだって!!
本当に!?
ホントに
生き残れるの
か…?
そうだよ
楽園に
行けるんだって
えーでもそれ
何で聞いたの?
き…近所の
お姉さん…
エホバの証人の…

※王国会館はエホバの証人の教会のようなものです。ただし、ビルやテナント、自分たちで建てた簡素な造りのものなどが多いです

起立ー
礼ー
部活だりー
今日も誰とも一言もしゃべらなかった…
マジで!?
そのカバンかわいー
一緒に帰ろー
声はちゃんとでるのにな
あー
ビクッ
ひぇ…
でもそんな私にだって
そろそろ行くわよ
話せる場所がある
王国会館
日曜 午前10:00〜
木曜 午後7:00〜
たっちゃん
よく来たわね
励まされるわ
よく来たね

こんばんは
ここに来れば
受け入れられる
笑顔で近づいてきてくれる
ダサイとかキモイと笑われることもない
あの優しかったお姉さんは
遠くへ引っ越してしまって
今は 母を教えていたこの人が
よろこべよ♫
神は〜
私の面倒もみてくれています
エホバに向かって賛美を歌う
〜と書いてあります
ハイ そうですね
ありがとうございます
では次の質問…
?
ちょい
ちょい

注解《ちゅうかい》しなさい
この「注解」というのは 出版物にあらかじめ
書いてある質問事項を司会者が尋ね
聴衆が答えを発表し合うというものです
え〜…
ドキ
ドキ
!
では…
たもさんっ!
ビクッ!!
ドキ
ドキ
ほら
マイク回ってきたわよ
ドキ
ほらココ
自分で線を引いたところを
読めばいいだけよ!!
ドキ
ドキ
ドキ
あ…
落ち着いて!!
ドキ
ドキ
えーと…
「エホバが…全能の…
神…だからです」
ドキ
ハイ その通りですね
ありがとうございます

※エホバの証人では信者同士を「△△姉妹」「○○兄弟」と呼びます

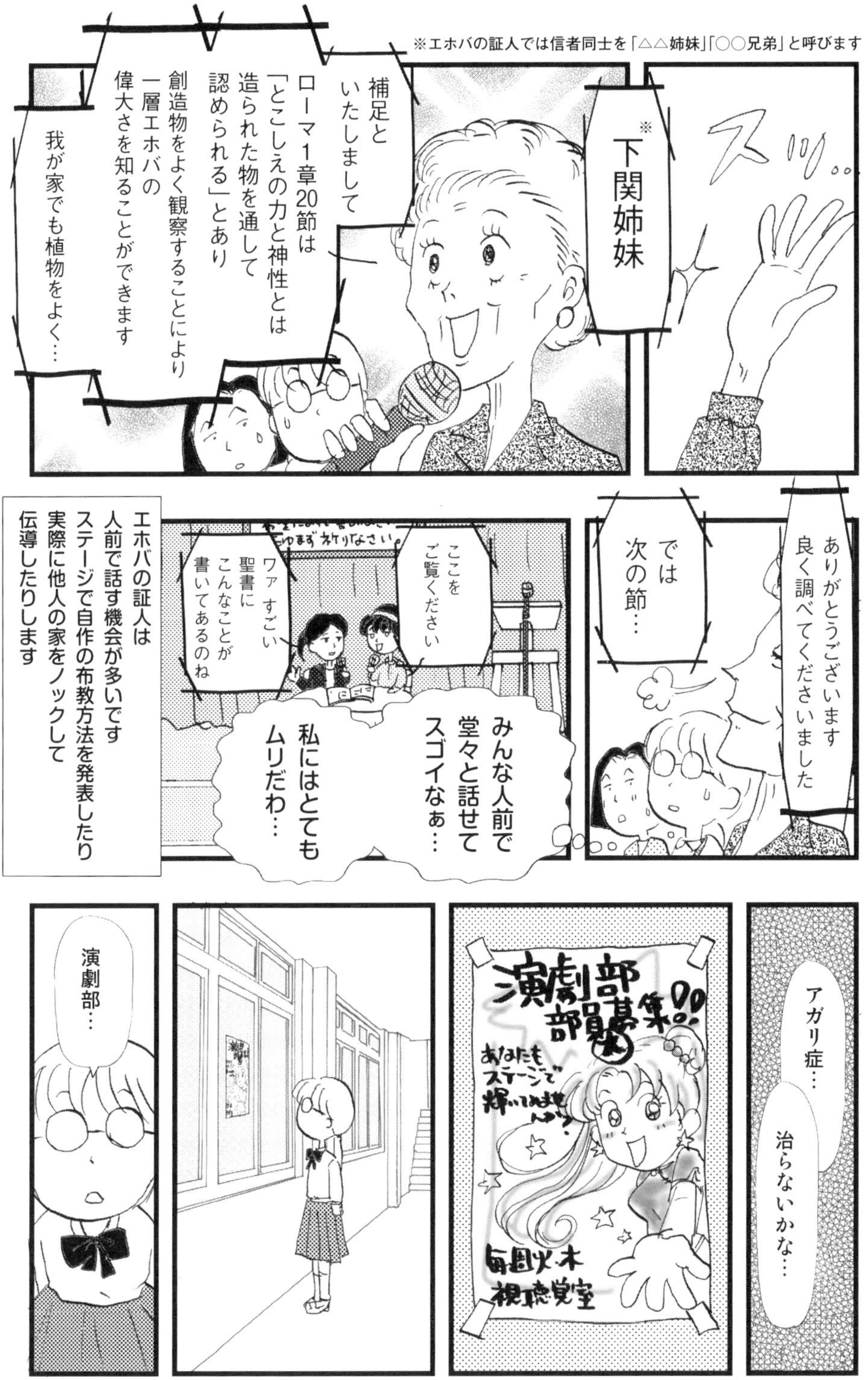
スッ…
※下関姉妹
補足と いたしまして
ローマ1章20節は「とこしえの力と神性とは造られた物を通して認められる」とあり
創造物をよく観察することにより 一層エホバの偉大さを知ることができます
我が家でも植物をよく…
ありがとうございます 良く調べてくださいました
では 次の節…
ここを ご覧ください
ワァ すごい 聖書に こんなことが 書いてあるのね
みんな人前で 堂々と話せて スゴイなぁ…
私にはとても ムリだわ…
エホバの証人は 人前で話す機会が多いです ステージで自作の布教方法を発表したり 実際に他人の家をノックして 伝導したりします
アガリ症…
治らないかな…
演劇部 部員募集!!
あなたも ステージで 輝いてみませんか?
毎週火・木 視聴覚室
演劇部…

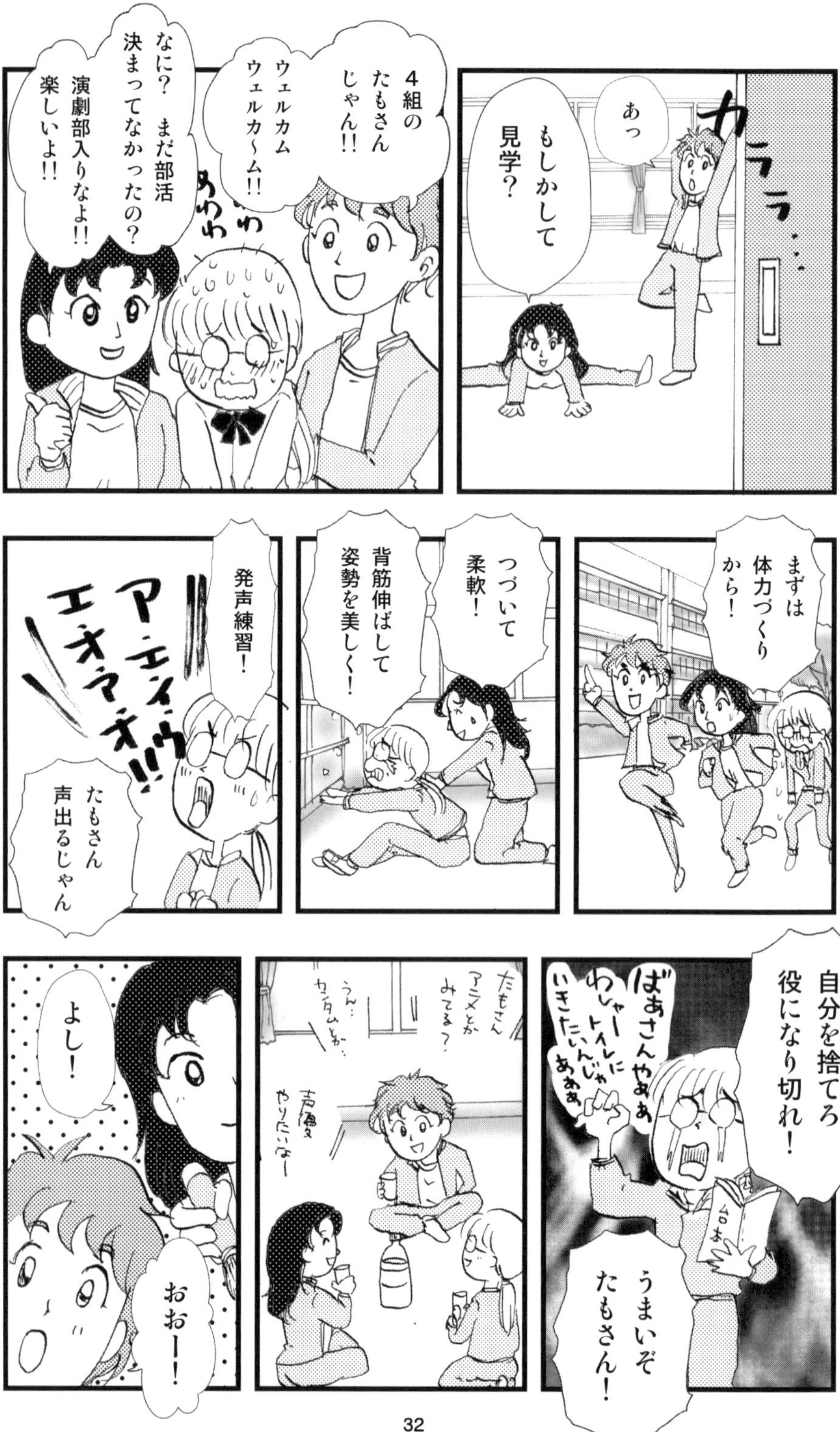
カララ…
あっ
もしかして見学？
4組のたもさんじゃん!!
ウェルカムウェルカ～ム!!
なに？　まだ部活決まってなかったの？
演劇部入りなよ!!
楽しいよ!!
わわわ
まずは体力づくりから！
つづいて柔軟！
背筋伸ばして姿勢を美しく！
発声練習！
アエイウエオアオ!!
たもさん声出るじゃん
自分を捨てろ役になり切れ！
ばあさんやぁぁ
わしゃートイレにいきたいんじゃあぁぁ
台本
うまいぞたもさん！
たもさんアニメとかみてる？
うん…ガンダムとか…
声優やりたいなー
よし！
おおー！

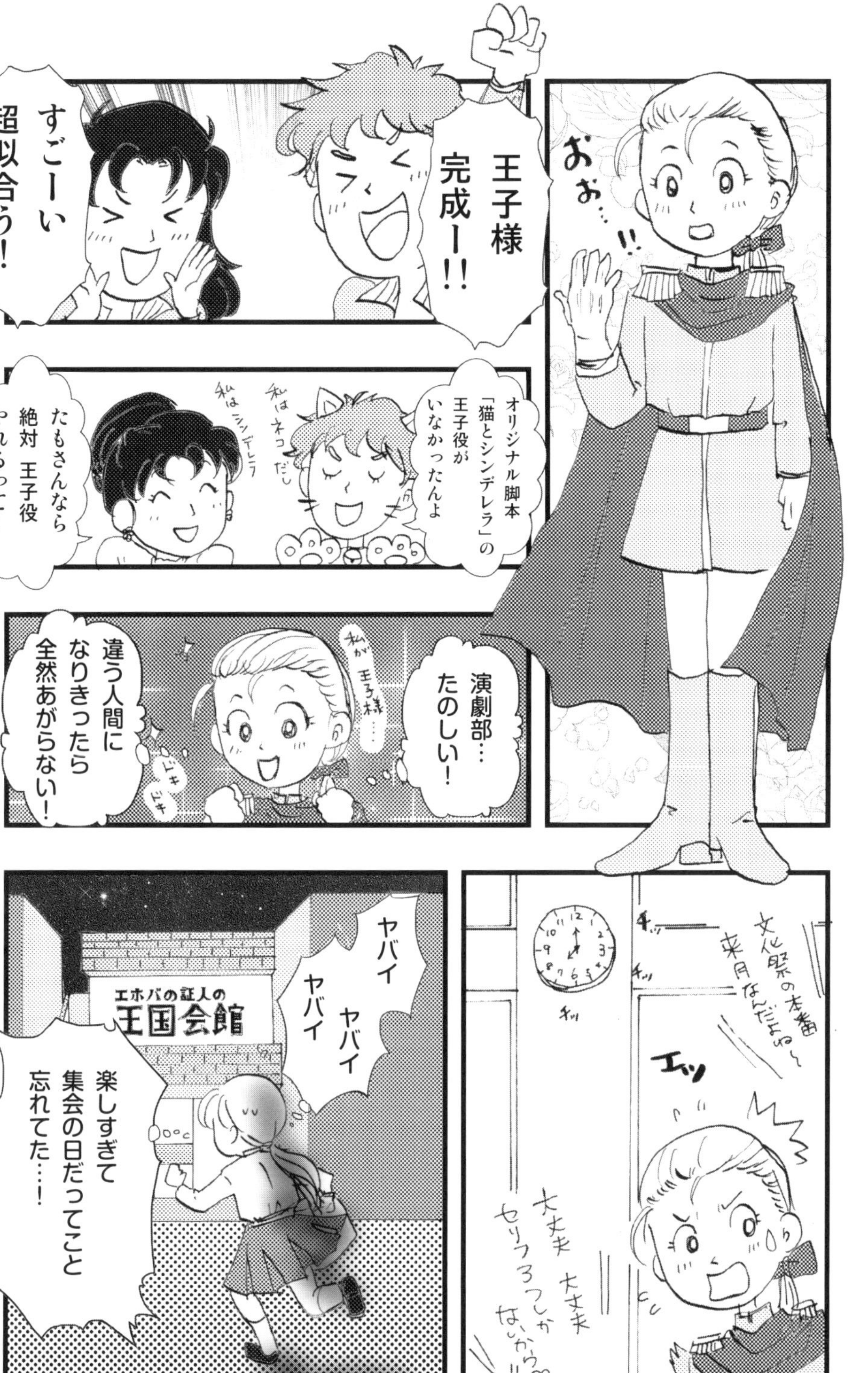
おぉ…!!
王子様完成ー!!
すごーい超似合う!
オリジナル脚本「猫とシンデレラ」の王子役がいなかったんよ
私はネコだし
私はシンデレラ
たもさんなら絶対 王子役やれるって!
演劇部…たのしい!
私が王子様……
ドキドキ
違う人間になりきったら全然あがらない!
文化祭の本番来月なんだよね〜
チッ
チッ
チッ
エッ
大丈夫 大丈夫 セリフ3つしかないから♡
ヤバイ ヤバイ ヤバイ
エホバの証人の
王国会館
楽しすぎて集会の日だってこと忘れてた…!

そろ〜り そろ〜り
ぎょ
ギロッ
どうして演劇部なんて入ったの!?
集会の妨げになってるじゃない!
いや…あの…
アガリ症を克服したら注解とか割り当てもできるようになるかなって…
エホバの物事を行うのにサタンに助けを求める必要はありません
今すぐ辞めなさい

……
ハイ
演劇部のみんなには申し訳なかったけれど
え〜〜っ
なんでよぉ
もぉ〜〜
王子役は絶対たっちゃんしかいないって〜〜!!
ごめんね
ごめんね
当時の私にとってあのオバサンの言うことは絶対でした
ピンポーン
ガチャ
こんにちはー
奉仕活動でお伺いしています
演劇部では違う人間になりきることで緊張しなくなったように
今日はこのような雑誌を無償でお渡ししています
めざめよ!
「この活動は良い仕事なのだ」と自分に暗示をかけることでだんだん平気になっていきました
たとえ
いや…いらないです…
相手が明らかに迷惑そうにしていても…
たっちゃん! エホバが喜んでくださっているわよ!
あなたは中学生にして他の人を救える特権があるのよ!
そ…そうですね…
こうして私の学生時代はほぼ宗教活動をすることで費やされていったのです

うちの父は
母と私の宗教活動を
快く思っていませんでした
お父さん
もう私
クリスマスは
祝いませんので
お父さん
ひな人形も
仏壇も
捨てますね
ゴミ
お父さん
他の姉弟たちも
集会に連れて
行きますね
いいかげんにしろーー!!

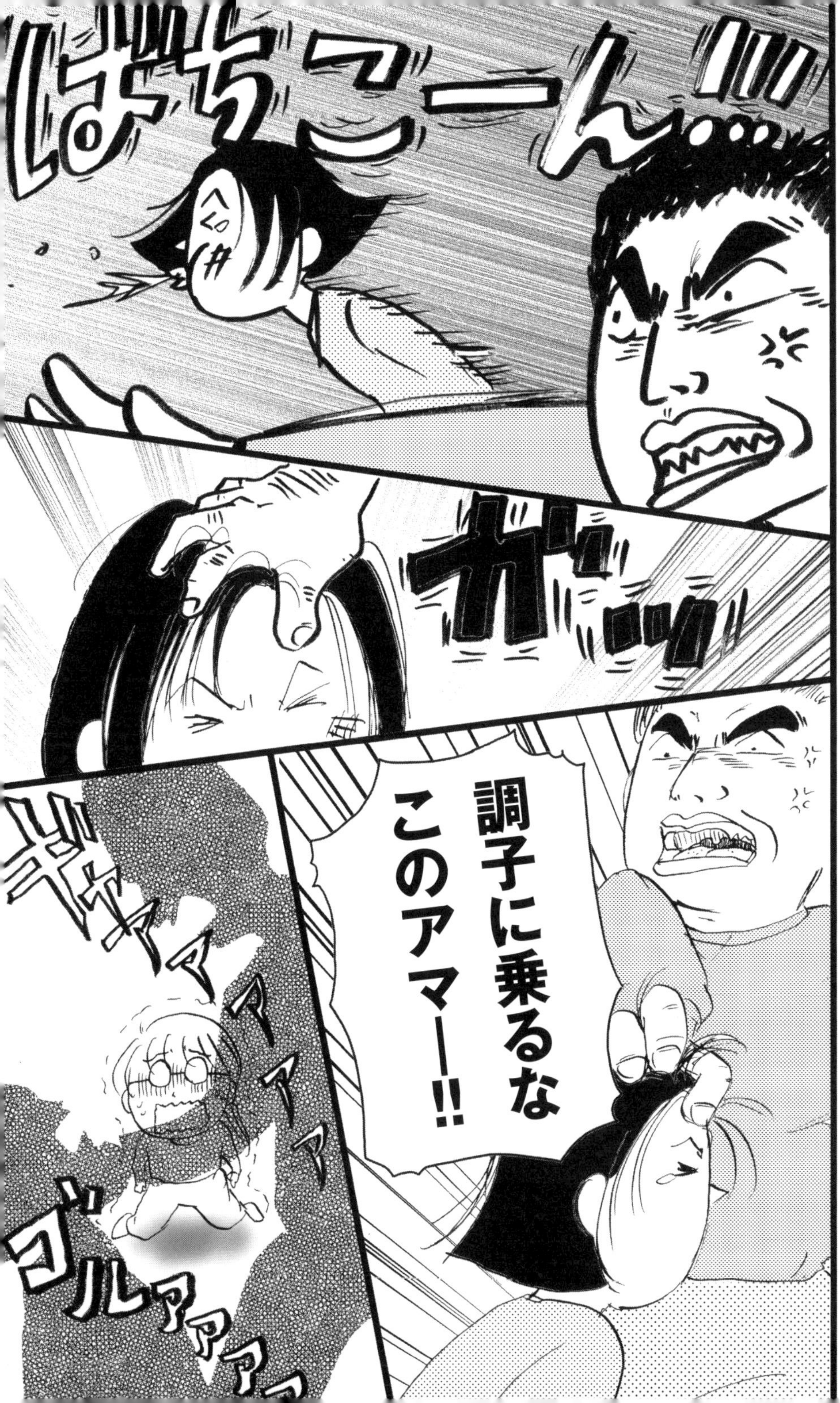
ばちこーん!!!
ガッ
調子に乗るな
このアマー!!
ギャアアアアア
ゴルァアアアア

どうしよう！
お母さんを守らなきゃ!!
でも…
柔道有段者のお父さんにかなうはずがない…
寝ている間に包丁でやるか…
うちの跡取り息子にまでキチガイ宗教押しつける気かァ
ゴルァアアア
その時 母は…
不思議と2発目からは痛くない…
エホバが守ってくださっている！
義なる者は必ず迫害に遭います
サタンが邪魔しに来るのです
イエスキリストも迫害されたようにね
しかし耐え忍べるようエホバが守ってくださいます
イエスは「わたしより親兄弟を愛する者はふさわしくありません」と言われました
エホバ
家族への愛が神に勝ってしまわぬよう家族をエホバより少なく愛しなさい

……
…いい加減にしろ！
バアーン
……
サタンだ…
父は暴力には効果がないことを知ると今度は正論に訴えてきました
ここと ここが おかしい
ここも 矛盾している よく考えてみろ わかるだろう!?
しかし…
……

パターン！
反対意見には耳がふさがるようになっています
エホバだから エホバには不可能はないの
そしていつも結論はコレです
エホバの証人はその一風変わった信条ゆえによく迫害に遭います
困難のもとで忠節に仕える
姉妹 それはとても辛い経験をされましたね
主人からは ろっ骨を折られ 家から追い出され…
の証人の地域大会 1991年
実際 彼らの出版物には投獄や暴力を耐え忍んだ人たちの美談であふれています
たっちゃん… この記事を見て
まるで私たちのために書かれたようだわ エホバは見てくださっているのね…
6人家族で反対に遭う…!?
これウチと一緒じゃん!!
おおおっ エホバ…!!!
たまに驚くほど自分と似た境遇の記事に出会い信仰を深めるきっかけになることもあります

思えば父も
家族を守ろうと
必死だったのかもしれません
(暴力はいけないけれど)
宗教に反対していた時は
仕事が手につかず
血圧も異常に上がっていたそうです
そしてついに…
もうええわ…
疲れたわ…
好きにせえ…
げっそり
エホバだわ!
サタンに勝ったわ!
こうして
私たち母娘の暴走は
止まらなくなったのです

あなたたちは
自分の罪を
悔い改め
エホバに献身
しましたか!?
ハイッ!!
私は今
バプテスマを受け※
正式なエホバの証人の
一員になろうとしています
浸礼希望者

※洗礼のようなものです

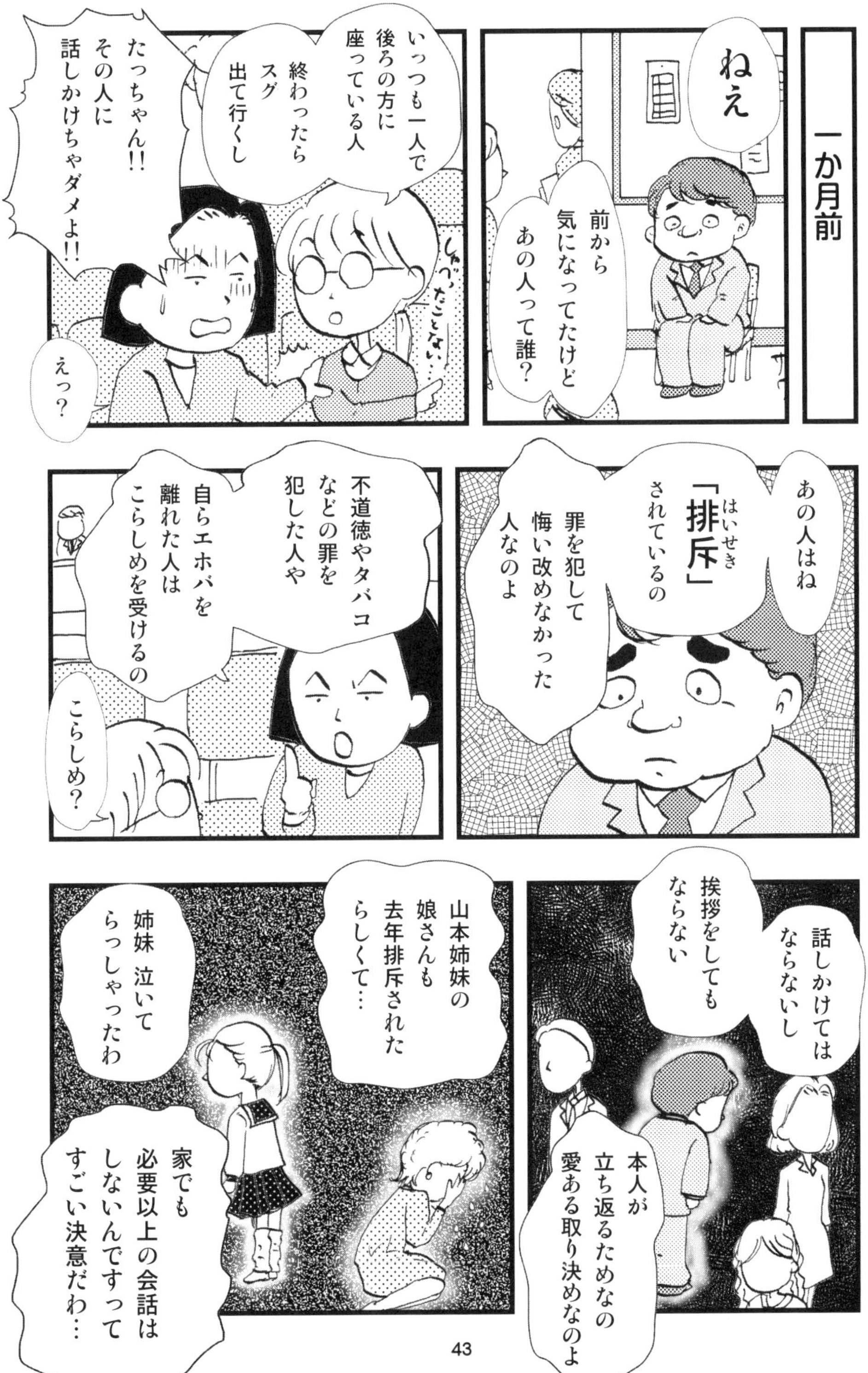

一か月前
ねえ
前から気になってたけど あの人って誰？
いっつも一人で後ろの方に座っている人
終わったらスグ出て行くし
しゃべったことない…
たっちゃん!! その人に話しかけちゃダメよ!!
えっ？
あの人はね
「排斥《はいせき》」されているの
罪を犯して悔い改めなかった人なのよ
不道徳やタバコなどの罪を犯した人や
自らエホバを離れた人はこらしめを受けるの
こらしめ？
話しかけてはならないし
挨拶をしてもならない
本人が立ち返るための愛ある取り決めなのよ
山本姉妹の娘さんも去年排斥されたらしくて…
姉妹 泣いてらっしゃったわ
家でも必要以上の会話はしないんですって すごい決意だわ…

そうなんだ…
私も学校でハミ出しているけどな…
あ!? きこえね～よ
ヒソ ヒソ
でも全く話しかけられないこともないし…
たまに優しい人もいるし…
やっほ～ たっちゃ～ん
たまには部室あそびにきてよ～
エホバの証人は意地悪で無視してるんじゃないんだろうけど…
たっちゃんも気を付けてね!!
絶対エホバを悲しませてはダメよ!
たっちゃんと話せなくなるのはお母さんイヤだからね!!
わかったよ…
せっかくお父さんの反対が止んだのだから
今のうちにバプテスマを受けておかなくちゃ!!
♪い～ま～ぞ～そ～の時～なり～♪
バプテスマを受ける前に 聖書の基本的な知識を取り入れているか 討議があります
お2人は 十分な知識を持っておられ行状もふさわしいです
今度の大会でバプテスマを受けましょう その前に 個人的な祈りでエホバに献身してくださいね
やった!!
その夜
えーと… 今までの罪を悔い改め 転向し…
悔い改め… 罪… わたしの罪…?

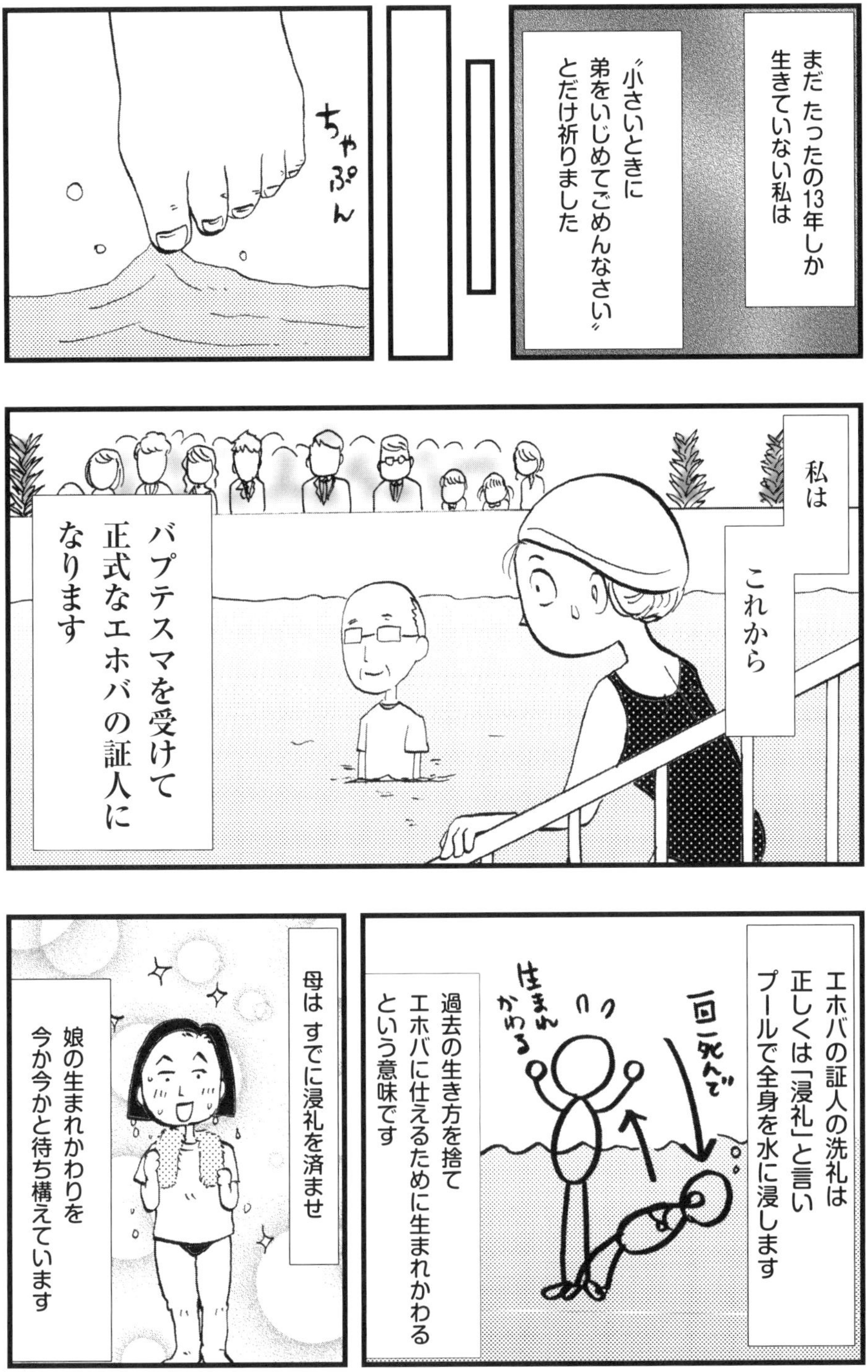
まだ たったの13年しか
生きていない私は
〝小さいときに
弟をいじめてごめんなさい〟
とだけ祈りました
ちゃぷん
私は
これから
バプテスマを受けて
正式なエホバの証人に
なります
エホバの証人の洗礼は
正しくは「浸礼」と言い
プールで全身を水に浸します
過去の生き方を捨て
エホバに仕えるために生まれかわる
という意味です
生まれかわる
一回死んで
母は すでに浸礼を済ませ
娘の生まれかわりを
今か今かと待ち構えています

エホバ
本当に私 大丈夫でしょうか
このままエホバの証人として
生きてゆけるでしょうか
ここに沈めば
本当に楽園に
行けるのでしょうか
私もあの人みたいに
みんなから
無視されるのは嫌だな
でも
他に行く所なんてないし
お母さんを
守ってあげなくちゃ
エホバ
どうかどうか
この私めの決意を
祝福してください
イエスの上に鳩が現れたように
私にも目に見える
答えをください

ざぱ
ワァアアアアア
パチパチ
パチパチパチ
パチパチ
プールを囲む群衆の万雷の拍手を受けて
私は「これが答えだ」と思ってしまったのです

第7話　震災で抱いた疑問

長女ッ!!
ちょ…
シャンデリア落ちてる
次女ッ!!
ハーイ
無傷
三女ッ!!
だれかテレビどかして
長男!!
……
出られない……
長男ッッ!!
うおおおお
助かったー
どりゃあぁ
エホバが助けてくださったんだわ……!!
長女も三女も冬のおフトンをかぶっていなかったら大ケガしていたし長男なんてタンスの隙間にいなかったら危なかったわ
テーブルの下にかくれていた
早く外に出るぞ!!
……
うわぁ……

それは
ハルマゲドンではなく
1995年1月17日に神戸を襲った
阪神・淡路大震災でした
ザワ
ザワ
ザワ
行方不明者リスト
芦屋市
やすい家 全員います
キシモト 連絡まつ
給水車
あ・・・
行方不明者リストに同じ会衆のみな子姉妹が載ってる…
たっちゃん!!
ちょっとこれ持って!!

これは…
大阪の会衆の皆さんがお弁当を届けてくださったのよ
私たちだけじゃなく家族全員分あるわ!! なんてご親切なんでしょう
ずっしり
エホバの証人は地震の直後に救援委員会が立ち上がって
どこよりも早く救援に駆けつけてくださったらしいわよ!!
これぞ神の組織だわ!!
※エホバの証人の信徒ではない人のことです
ホラ ごらんなさい
※世の人たちは缶詰ひとつ買うのにあんなに並んでケンカまで始めて…
お前いま割り込んだやろ!!
なんやねん ずっと並んどったら
中には火事場ドロボウやガレキにかくれて女の子を襲おうとする人までいる……
世の人とエホバの証人は大違いだわ!!
そうなんだ…
がんばって下さい。祈っています
その時は 本当に「エホバの証人って すごいんだ」と 思ったのですが 私は大事なことを 見落としていました
給水車
たきだし とんじる
確かに 非常時に悪いことをする 人はいたようですが その何百倍も「世の人」は 互いに助け合っていたのです

たっちゃん
あのね…
みな子姉妹…そこに載ってるでしょ
どうやら今朝遺体が見つかったらしいの
ええっ
私…ちょっと前に姉妹の引っ越し祝いに呼ばれたばっかりなのに…
気の毒ね 前のアパートだったらつぶれてなかったのに
地震の時 たまたま2階で寝ていた姉妹の上に天井の梁が落ちてきたらしいわ
お顔の上だったんですって……
姉妹の遺体を見つけた彼女のお父さんはすぐに上着でお顔を隠されたそうよ きれいな方だったのにね…
「時として予見し得ない出来事はすべての人にのぞむ」と聖書に書いてあるように
義なる人も災いに遭うのはしょうがないのね…
グスン…
えっ…
でも…

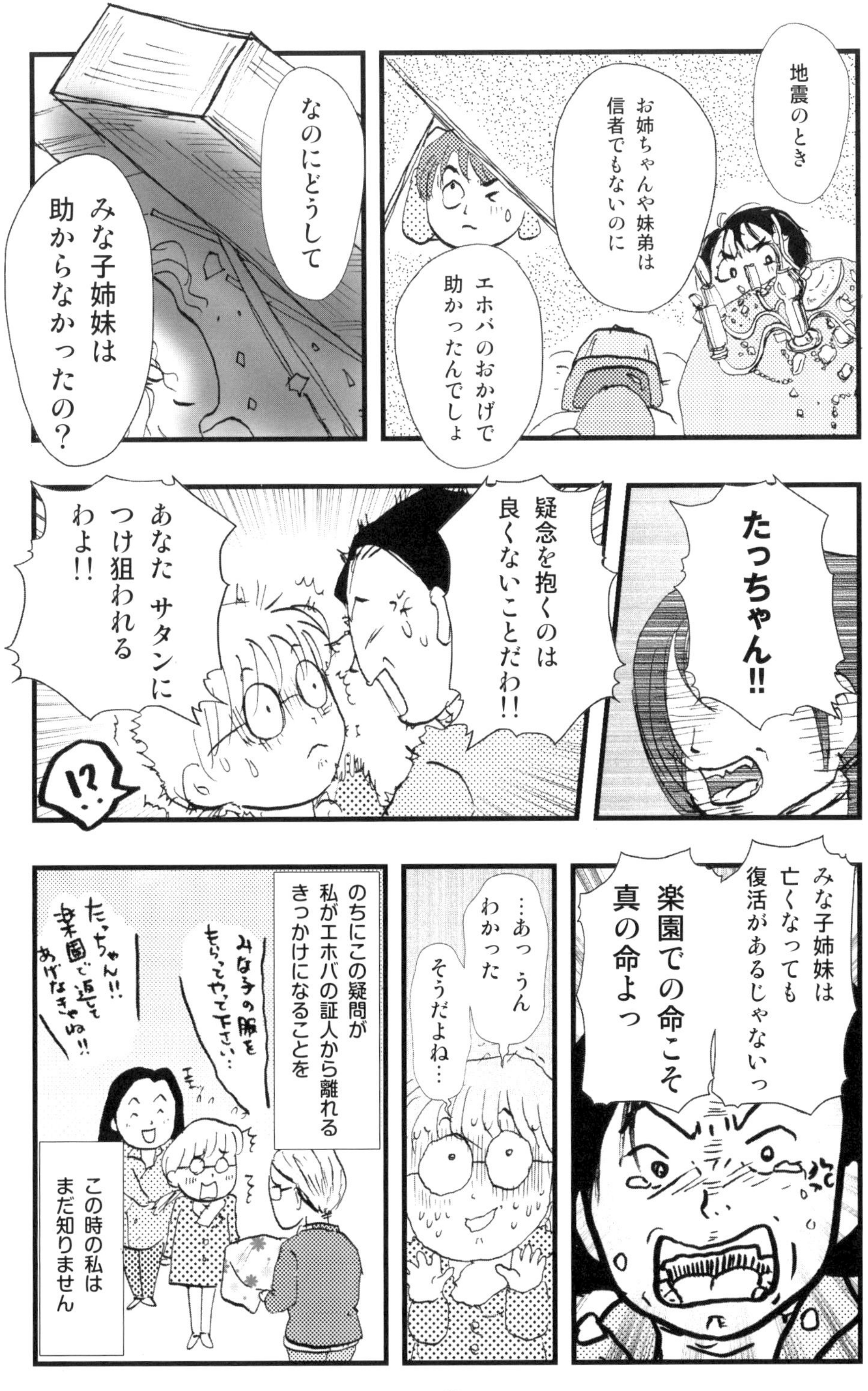
地震のとき
お姉ちゃんや妹弟は信者でもないのに
エホバのおかげで助かったんでしょ
なのにどうして
みな子姉妹は助からなかったの?
たっちゃん!!
疑念を抱くのは良くないことだわ!!
あなた サタンにつけ狙われるわよ!!
!?
みな子姉妹は亡くなっても復活があるじゃないっ
楽園での命こそ真の命よっ
…あっ うん わかった
そうだよね…
のちにこの疑問が私がエホバの証人から離れるきっかけになることを
みな子の服をもらってやって下さい…
たっちゃん!! 楽園で返してあげなきゃね!!
この時の私はまだ知りません

震災の復興は徐々に進んでいったものの
経済的打撃は計り知れず
その影響は我が家にも…
……
おかえりー
父さん…
リストラされた
エーーッ!!?
私 来年大学受験なのに!?
ちょ…お父さん…どうするの仕事!?
私のおこづかいは!?
僕も働かないといけないの!?
いや…それが
父さん思ったんだが

父さん
将棋道場を開こうと思う!!
は…!?
父の発言は冗談ではありませんでした
父はハローワークに行く代わりにビルの一室を借りて本当に将棋道場を開いてしまったのです
王将
お母さんどうするのこれから…
お母さんもパートとか…
お母さんは働きません
お母さん
開拓奉仕を始めるわ!!
ん…!?

開拓奉仕とはひと月で80時間以上を※
布教に費やす人のことで
〝誉れある立場〟とされます
めざめよ!
もちろん給料などはありません
こういう時こそエホバに頼らないでどうするの!!
神の王国を生活の中で第一にすれば、他の全てのものは与えられるのよ!!
※現在は60時間以上に減ったようです
シーーーン…
しかし…
父の道場は閑古鳥が鳴き続け…
我が家の家計は火の車…
姉は奨学金を借りて国立大学へ
18歳で家を出ていきました
しかし母は…
開拓奉仕で毎日忙しいから家のことは全く気にならなくなったわ!!
これも全てエホバのおかげよ!!
さー研究司会行かなくちゃ!!
キラッ
キラッ
それを現実逃避と言うのでは…
もちろん そんな事は言えるはずもなく

父はと言うと…
リストラされた同僚たちは離婚したり奥さんにばれないように仕事に行くふりしてハローワークに行ったりしているのに…
うちの母さんは文句ひとつ言わずついて来てくれる…
ありがたい…♡
今日はとうすチャーハンよっ♡
好印象だったようです
そして父の道場も軌道に乗り始め…
王将
家計も落ち着き始め…
ようやく
平穏が訪れた時に…
ARMY
ピンポ〜ン
だれかしらこんな朝早く…
?
!!
ガチャ
警察です
令状です今からお宅を捜査します
POLICE

え…？
いや…あの…
何か…!?
ズカズカ
ご主人が海外から実弾を購入したのが判明しましたので
銃などを所持していないか調べさせていただきます
じっ
実弾…!?
ガチャ
そこには何も
ありません
私の宗教の本が…
ま…待ってください
宗教…!!
ああ…!
よけいに
ガサ
ガサ
た…たくさんお客さんが来ちゃったな
お お茶でも入れようかな
アハハ…
ブルブル
ブルブル
…お父さん…
どういうことか説明して下さらない…？
ゴゴゴ

じ
じつは…
父の話によると露店で弾丸の形をしたキーホルダーを見つけ「自分も作りたい」と思ったそうで
将棋道場のお客さんに頼んでネットで海外から弾丸を買ったところ中に火薬が残っており税関で引っかかったそうです
SALE
もちろん銃なんて所持していないので捜査員たちはすぐに帰っていきました
母さんスマン!! 本当にスマン!!
このと〜りっ
わし 母さんの言うこと なんでも聞くから 許してくれ!!
なんでも…?
じゃあ お父さん 聖書を勉強 してくれる?
キター!!!!
こうして猛獣のようだった父は母にすっかり服従してしまったのです
たっちゃん!! 物事が全て 良い方向に 導かれているわ!!
やはりエホバが 味方して くださって いるのよ!!
そうなのかなァ…

あなたがもし
エホバの証人から
「交《まじ》わり」に
来ない?
と言われたら
それは
お茶会や
食事会のことです
私はある交わりで
この一見穏やかそうな
人たちから
衝撃的な会話を耳にしたのです
うちは
ガスホースだったわぁ
?
うちは
布団たたき!!
やっぱり金属製が
よく効くわ
靴べらが一番よ!
よくしなるの
プラスチックはダメね
割れるから

なんの話を
してるんだろう…
集会中 定規をカバンから
チラッと見せるだけで
ビクッ!! と
姿勢を正すのよぉ〜!!
ボリボリ
ムシャムシャ
姉妹〜
励まされるわぁ
親の権威を正しく
行使されていたのね
ムチを出すと
震えながら
「今日は
何回ですか?」
って聞くのよぉ〜
アハハ…
うちの子なんて
ムチが終わったとき
「一回多かった」
なんて言うから
もう十回追加よ
ウフフ…
ムチが足りなかったのね!
従順にしておけばいいのに
子どもは
すぐ調子に乗るから…
彼女たちが嬉々として話していたのは
わが子を
虐待した話だったのです

我が家では母が信者となったとき
すでに私たちが大きかったせいか
ムチをされたことはなく
私も小さい頃は
叩かれたなぁ
宿題サボって
ゲームしてた時とか…
とのん気に思っていました
しかし エホバの証人の〝ムチ〟は
全く違っていたのです
集会では毎週2～3時間
じっと座らされ
ウトウト…
ガッ
TOILET
少し姿勢が崩れたとか
ペンを落としたという理由で
何十回というムチ打ちを…
泣いたり叫んだりすると
回数が増えるそうです
終わった後は
「ありがとうございました」と
言わなければなりません

それで子どもは本当について来るんですか?
ガヅッ!!
…ヤバ…
あ…いや…
まあ…僕もムチされたけどサ
親も必死だったんだろうし
今は感謝しているよ
ホッ
そうなんですか…
そうよね!! 今は邪悪な時代だから私たち必死なのよ
油断していると子どもをサタンに取られるからね
子どもを愛してるからこそよ?
ハァ…
しかし現実は子どもは成人までに親と絶縁して宗教を辞めるか心を病むかのどちらかが多いそうです
夜中に死にたくなる衝動をおさえるためその日幸せだった事を書きとめる人もいました…
この例も黒ぶちメガネでかくしていますが
眉毛を抜くのがやめられないとか…
たとえ心を病んでも「エホバの証人は真面目だから」で済まされてしまいます
エホバの証人は笑顔で愛の名のもとに子どもを押さえつけ虐待しています
私自身これからその事実を身をもって体験することになります

色々ありましたが
私も晴れて高校生になりました
青春!
さわやか!!
高校生かァ…
今度こそ友達
ほしいなぁ…
私も
カフェに寄り道したり
キャッキャ
ウフフ
屋上を秘密の場所に
したりした〜い
きもちいい〜
……
どうしますかぁ〜
おしゃれな
感じで
フムフム
ボーダーシャツ
タータンチェック
ヘリンボーン
ルーズソックス
ローファー
スニーカー
Sixteen
ぐをををを
恐いいいい
痛いいいい
お目々があぁ
高校デビュー
そして——
行けるんちゃう
高校デビュー
できるんちゃう
もうキモイとか
ダサいとか
言われないんちゃう
友達100人くらい
できるんちゃう　マジで
ウフフフフフ
ムフフフフフ…
私のファッション誌
勝手に読んだやろ
ねーちゃん
キモイ

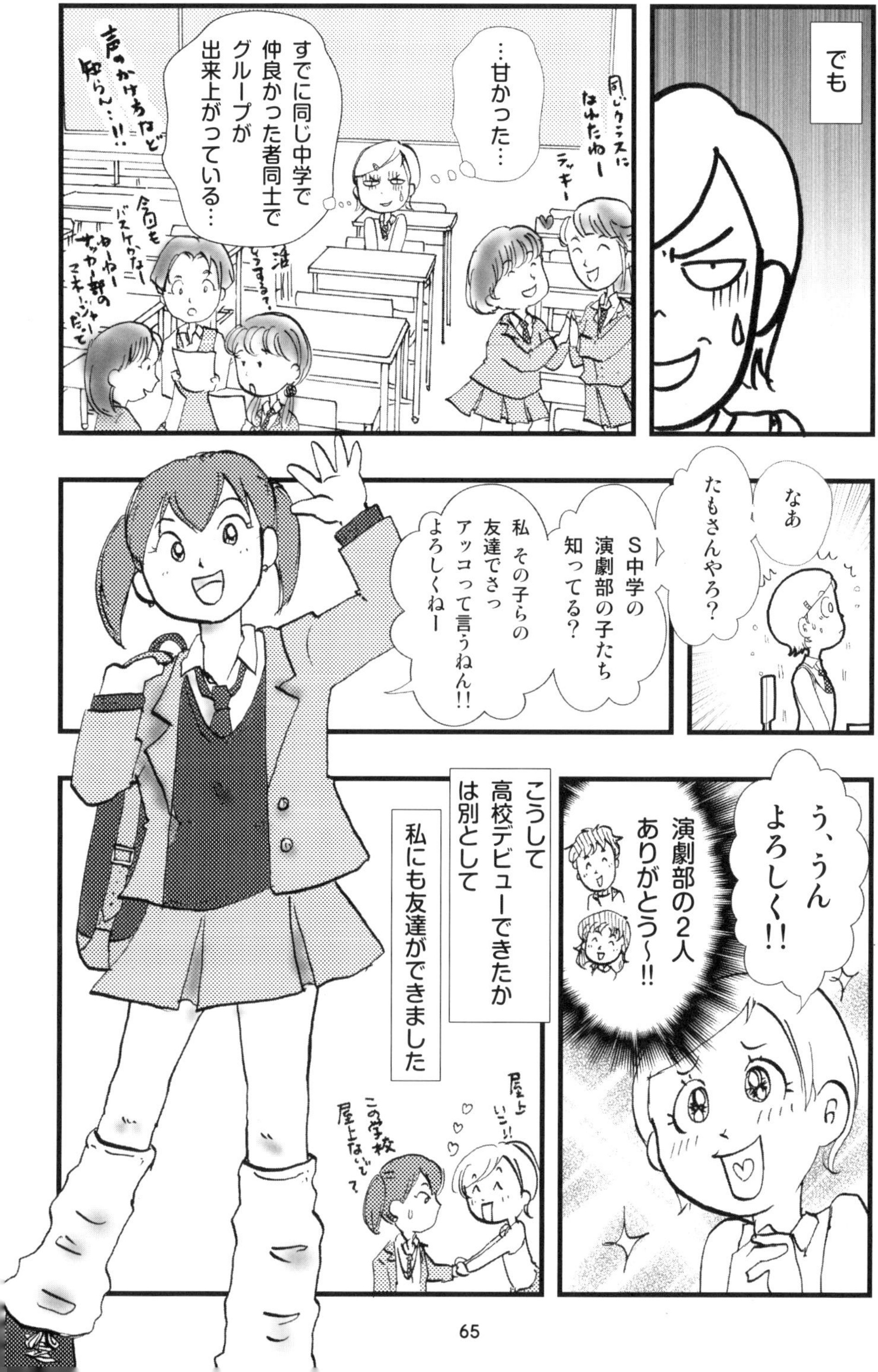
でも
同じクラスになれたねー
ラッキー
…甘かった…
すでに同じ中学で仲良かった者同士でグループが出来上がっている…
声のかけ方など知らん…!!
今回もバスケかなー
やーやーサッカー部のマネージャーだって
なぁ
たもさんやろ?
S中学の演劇部の子たち知ってる?
私 その子らの友達でさっ アッコって言うねん!! よろしくねー
う、うん よろしく!!
演劇部の2人ありがとう~!!
こうして高校デビューできたかは別として
私にも友達ができました
屋上いこー!!
この学校屋上ないで?

へえ―――!!
たっちゃん 絵めっちゃうまいな!!
将来漫画家とか なれんちゃう?
そ そうかな…
家で絵を描くのが唯一の 娯楽だったから 多少はうまくなるわ…
絶対 なれるよ―――!!
私さぁ 女優か声優になりたいねん! もしたっちゃんの漫画が アニメ化したら声当てさせてよ!!
アニメ化… 声優…
それは私が 思ってもみなかった夢で…
自分が描いた絵が TV画面や街中に 溢れたらスゴイな
そんな幻想を ちょっと 抱いてしまいました
エホバの証人では そんなこと 許されるはずもないのに…
最近 色目使い過ぎなんじゃない?

※長老は、牧師、神父のような立場の人のことで、地方ごとのグループに１～４人ほどおり、講話や信者の管理をしています

え…
なんで？
ふさわしくないからよ
ホラ
膝が出てるじゃない
これくらいセーフでしょ
ミニじゃないし下にスパッツ穿いてるし
だめなの！
そういうちょっとしたことが誘惑になるのよ
ちぇー せっかく買ったのに
ブツブツ
ところでたっちゃん
あなた卒業後の進路はどうするの？
どきっ
え…何？
てか早くない？
今のうちに決めとかなきゃ
お母さんはねたっちゃんの好きにすればいいと思っているのよ
え…
じゃあお母さん…
でもね
開拓奉仕こそが最善の生き方だと出版物にも書いてあるでしょ
一度長老に話してみれば？エホバが道を開いてくださるわよ

ハイこれ
求人
KANSAI
開拓奉仕をしやすいアルバイトをピックアップしておいたの
今のうちにどういうのがあるか見ておきなさい
……
なんか…
絵を描く…
お仕事とか…
ないかな…
ボソ…
絵?
あなた漫画家にでもなるつもり?
……
できたら…美大に行きたい…
ボソッ
美大!? 美大なんてロクでもない人ばかりよ!!
※個人の感想です
もし性的な描写や暴力シーンを描けと言われたらどうするの!?
漫画家なんて忙しいんじゃないの? 奉仕や集会の時間はとれるの?
やっぱり…
私の「美大に行きたい発言」は母が他の人に話したらしく瞬く間に広がりました
美大なんて行くだけムダよ~
入学金100万以上ですって!
うちの姪っ子が美大に行ってたけど就職も決まってないみたい…
これ 漫画家だった姉妹の体験談よ 大変だったらしいわよ

エホバの証人は大学進学やフルタイムでの就職をとても嫌がります
ダメ
行くな
開拓者
ベテル
※でも職業はアルバイト
長老
MTS
まあ何というかエライ人のことです…
バンザーイ!!
そして社会的地位よりも教団内での地位を重んじ布教や教団内で働くことを良しとします
Y兄弟の息子さん大学に進学したんですって~
まあ!! 世での栄誉を求めたのね…
物質主義だわ…
Y兄弟も可愛そうに… 長老おろされるかもね…
ヒソヒソ
私は
諦めることに
慣れていました
はぁ
たもさん
本当にいいの?
あなたならどこの大学でも余裕でしょうにもったいない!
担任の先生は心配してかなり大げさな表現を使って説得してくれました
卒業式
たっちゃん!! 卒業しても遊ぼうな!
ウチ声優学校行きながら劇団入るから観に来てな!

友人の
夢を追い続けるその姿は
とてもまぶしいもので…
私は 自分の進路について
恥ずかしくて告げられませんでした
私はというと アルバイトと開拓奉仕の日々
Fru
りんご
母親や仲間の信者に何も言われない
楽な道を選んだのです
アルバイト生活は
貧困を極めました
特に実家を出てからは
人間の生活では
ありませんでした
ちらしずし作ったのよ 食べて〜
エホバ〜!!
あと300円しかない…
給料日まであと5日…
エホバ… 日々の糧を感謝します…
エホバの証人は貧困ビジネスに
似ているかもしれません
信者に学がなく 貧乏であるほど
神にすがるようになるからです
「どうしてもっと頑張らなかったのか」
「あの頃に戻ってやり直したい」
何度そう思ったかしれません…
ですが エホバの活動の全てが
無駄だったわけではありませんでした
この後 私の人生を覆す〝カンちゃん〟と
出会うことになるのです

私がカンちゃんと出会ったのは
"開拓学校"でのことでした
世を照らす者として
開拓学校とはエホバの証人の教理の中でも特に難解なものやより効果的な布教方法を学ぶもので
要は 信者にエリート意識を持たせ組織に忠誠を誓わせるためのものです
兄弟!
世の人の車が無断駐車してあります!
うわ ホントだ
なんてハデな車…
あーそれ 俺のっすー
ウェ〜イ
どこ動かしたらいいっすか〜
え エホバの証人なのにスポーツカー…?
中古の軽4しか見たことないのに…

彼は他にもいろいろと規格外で
エホバの証人のくせにバンドを組んでいるし
歌うま
バンドに誘われた
フルタイムで働いとるので
お金はあるらしい
KANTA 17
エホバの証人のくせにサッカーチームを作ってユニフォームまで揃えて
エホバの証人の男性って
七三分け
メガネ
モヤシが主食
週3バイト
こういうイメージだったのに
全力で人生を楽しんでいる彼を
気づけばいつも目で追っていました
なんか…また会いたいな あの人…
でもうちの母はカンちゃんみたいな人嫌いだろうな
ドキドキ
そんな風に思っていると…
RRRR
着信中
たっちゃん!!
付き合おうぜ!!
お…!?

ちょ…ちょっと待って私まだ20歳だよ!?
うっうれしいけどっ
絶対に親に反対されるって!!
実は エホバの証人の男女交際はとても厳しいのです
・交際は模範的な信者同士で
・結婚を前提に付き合うべしなので若すぎるのはNG 30歳前後が好ましい
・結婚前にHしてはダメ ハグやキスも婚約するまでダメ
・これらを予防するため デートには付き添いをつけ 2人きりになってはいけない
もし性的関係を持ったことが明らかになると…
どこまでしましたか
挿入はありましたか? 射精はありましたか?
長老たちによるセクハラまがいの尋問に遭い…
最悪 排斥に…
あの…
復帰するまでの数年間集団無視の刑に処されます
なので多くのエホバの証人は交際を始めてわずか数か月で結婚し…
付き添い必須
結婚後
イライラ
ビクビク
こんなハズじゃなかった…
結婚後に性格の不一致に気づきしかし教理のゆえに離婚できず生き地獄を味わいます
ですが…
俺はたっちゃんのこと好きだから付き合いたいけど
たっちゃんは?どうしたいの?

………
……
私も…
好き…です…
カァァ…
エッなにもう一回!!
というわけで
親には言えないまま
交際に至ったのですが…
今日をさ記念日にしたいなァ
来年もまたここに来ようよ
…うん
……
ガチャ…
ただいまー…
ぎょっ
…誰と…
会ってたの…?
ゴゴゴゴ

エホバが全て教えてくれたわ
今までもらった手紙とかプレゼントとか↓
…カバンの中見たの?
やましい事がなければ見せられるハズよ!!
エホバが娘の悪行を知らせてくださったのよ
今まで たっちゃんはお母さんの同士だと思っていたわ…
いつでもお母さんの味方でいてくれて家事もしてくれて…
それなのに…お母さんに黙ってウソまでついて……!!
遅い時間までコソコソと……!!
グシャ
グシャ
何考えているの!? あなたは今恋愛できる立場ではないでしょう
霊的な必要より性的な必要を満たしてどうするの!?
結婚なんて楽園でしなさい
お母さん認めないからね!! サタンが喜んでるわ!!

ダメだ…
この人の言うことを聞いていたら…
私 一生誰からも愛されることなく愛することもなく
おばあちゃんになっちゃうよ…
後日 母は私のいない間に彼を自宅に呼び出し
もう娘に会わないで
道ですれ違っても声をかけないように
今まで手紙やプレゼントなど色々くれたようだけど
全部捨てますから
釘を刺したようです
私は これ以上母とは一緒にいられないと思い
がんばってね
「布教活動を広める」という大義名分のもと親元を離れる決意をしました
母は
たっちゃん…
たっちゃん!!
姉妹… つらいでしょうけど忍耐してね
誉れあることなのよ 姉妹…
私が乗った引越しトラックを走って追いかけたそうですが私は前だけ見ていて気づきませんでした

自由になれたのは
いいけれど…
カンちゃんには悪いことしたな…
もうすでに新しい彼女出来てたりして…
モテそうだし…
記念日にしよう
またここに行こうよ
2001
12
いやいや…
来ないって!
うぬぼれるな私
万が一来てくれたら悪いから来てみただけだからね
来ないって!!
RRRR
!!
もしもし
たっちゃん
ひさしぶり…
俺は今どこにいるでしょう…?
エッ!? どこ? 来てるの?
ヒミツ…
会っちゃいけないでしょ
俺たち…
でもね
たっちゃん俺
諦めてないからね
お母さんが認めてくれるまで頑張ろうよ
うん!!

あとで聞いた話ですが
カンちゃんは
母から呼び出された時
こんなことを言ったそうです
黙って
お付き合いして
申し訳
ありません
でした
でも これだけは
言わせてください
僕 たっちゃんのこと
本気ですから
5年後 改めて
ご挨拶に来ますから
……
その時はまた
考えてくれますよね
母はこの時
「5年後 本当に来たら
もう断れない」
と思ったそうです
そして…
5年後
私たちは本当に
結婚しました

第12話　流産と距離感0の信者たちの話

※エホバの証人の小グループのこと

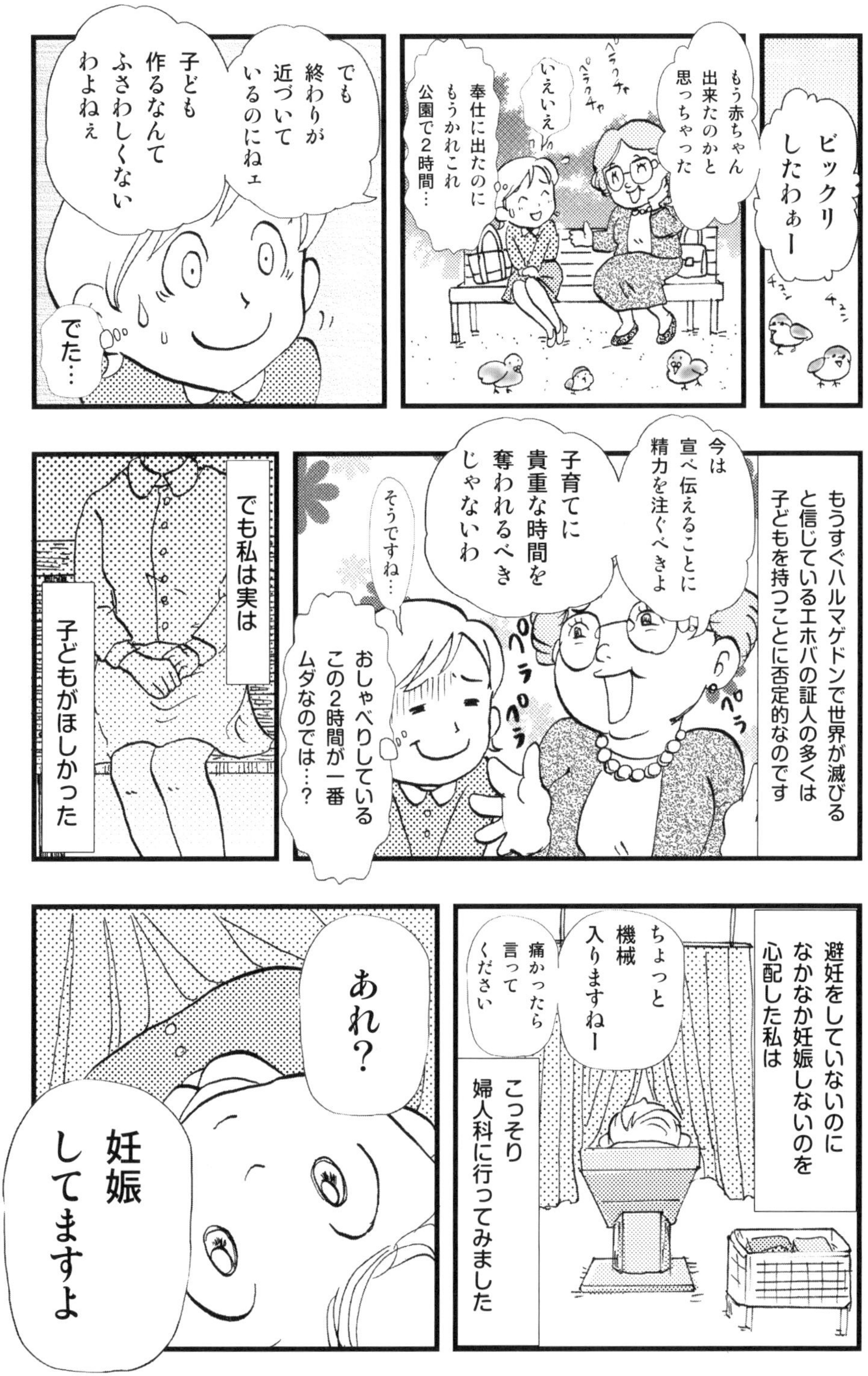
ビックリしたわぁー
チュン
チュン
もう赤ちゃん出来たのかと思っちゃった
ペチャクチャ
ペチャクチャ
いえいえ
奉仕に出たのにもうかれこれ公園で2時間…
でも終わりが近づいているのにねェ
子ども作るなんてふさわしくないわよねぇ
でた…
もうすぐハルマゲドンで世界が滅びると信じているエホバの証人の多くは子どもを持つことに否定的なのです
今は宣べ伝えることに精力を注ぐべきよ
子育てに貴重な時間を奪われるべきじゃないわ
そうですね…
ペラペラペラ
ペラ
おしゃべりしているこの2時間が一番ムダなのでは…?
でも私は実は
子どもがほしかった
避妊をしていないのになかなか妊娠しないのを心配した私は
ちょっと機械入りますねー
痛かったら言ってください
こっそり婦人科に行ってみました
あれ?
妊娠してますよ

エッ
ホラこれが
赤ちゃんの袋です だいたい6週目ですかね
不妊外来
おめでとうございます
なんかすみません…
その日の帰りは なんだか身体がフワフワして
周りの景色が全てキラキラ美しく見えました
えっ妊娠!?
ヤッタじゃん
え、仕事とか辞めなくていいの?
お母さんに報告?
男の子?女の子?
名前は?
とりあえず おちつこ
赤ちゃんは10週まで順調に育ち
私の妊娠は会衆内で瞬く間に広がりました
かわいい…
勉強
勉強
誰にも言わなければよかった
赤ちゃんの心臓が
止まってますね…

え・・・
ぎゃっ
うえええええん
えええええええん
ぽろっ

ピンポーン
ピンポ～ン
イラッ
姉妹～
流産なさったのね～
お気の毒だわぁ～
ガチャ
アハイ
どうも
ご心配を
かけて
すみません…
大丈夫なんで…
エホバの証人は
アメリカ発の宗教だからか
こういうプライベートなことでも
ゼロ距離で慰めに来ます
じっさい出版物でも落ち込んだ仲間を励ますようすすめられている
憂いに沈んだ魂に
なぐさめの言葉をかける
流産の説明するのも
ムリして笑うのもしんどい
でも、私はそっとしておいてほしかったです…
中には良かれと思ってトンチンカンな
アドバイスをしてくれる人も…
今は子どもは
必要なかったって
ことよ～
エホバの
ご意志なら
また授かるわ～
また次
産めばいいのよ～
また良かれと思ってなのか
私を責めてくれる人まで…
※関係ありません
パイナップル
食べたんじゃない？
高いところの物
取ろうとした？
寒い中長いこと
歩き回ってたから
じゃない？

中でも一番ひどかったのは
私 過去に
2人殺してるの
※エホバの証人は 堕胎を禁じています この人が信者になる前の話です
流産で傷ついている私に 自分の中絶の話を始める人でした
嫌がらせでそんな話をしたのか 単に空気が読めない人だったのか 分かりませんが
「この人とはもう話したくない」 私はそう強く思いました
そんな人が1人ではなく…
うちもね～ 主人におろせって 言われて 3人目を… 悲しかったわ～
私はこの後 別の人からも 中絶の告白をされました
とは言え 私は
悲しんで悲しんで悲しんだ後
次の年の春
今度は無事に男の子を出産しました

すぴー
すぴ
すぴ
おめでとうございます
ちはるくん
ああ…
かわいいい…
出産してオシャレする余裕なくなった
私もうメッチャ愛してあげるからね！
チュッチュッチュッチュ♡
いっぱい笑っていっぱい友達作って楽しい人生にしようね
ちはる
エホバに献身したはずの私でしたが我が子に対する愛情はただならぬものでした
しかし――
ふぎゃあああああ
え…子育てってこんなに大変なものだったの…？
マジで…
寝させて…
寝ない
げっそり！
オッパイ星人
離乳食たべない
ぎゃあああ
ぎゃあああ
子育ては予想以上に大変なものでした…

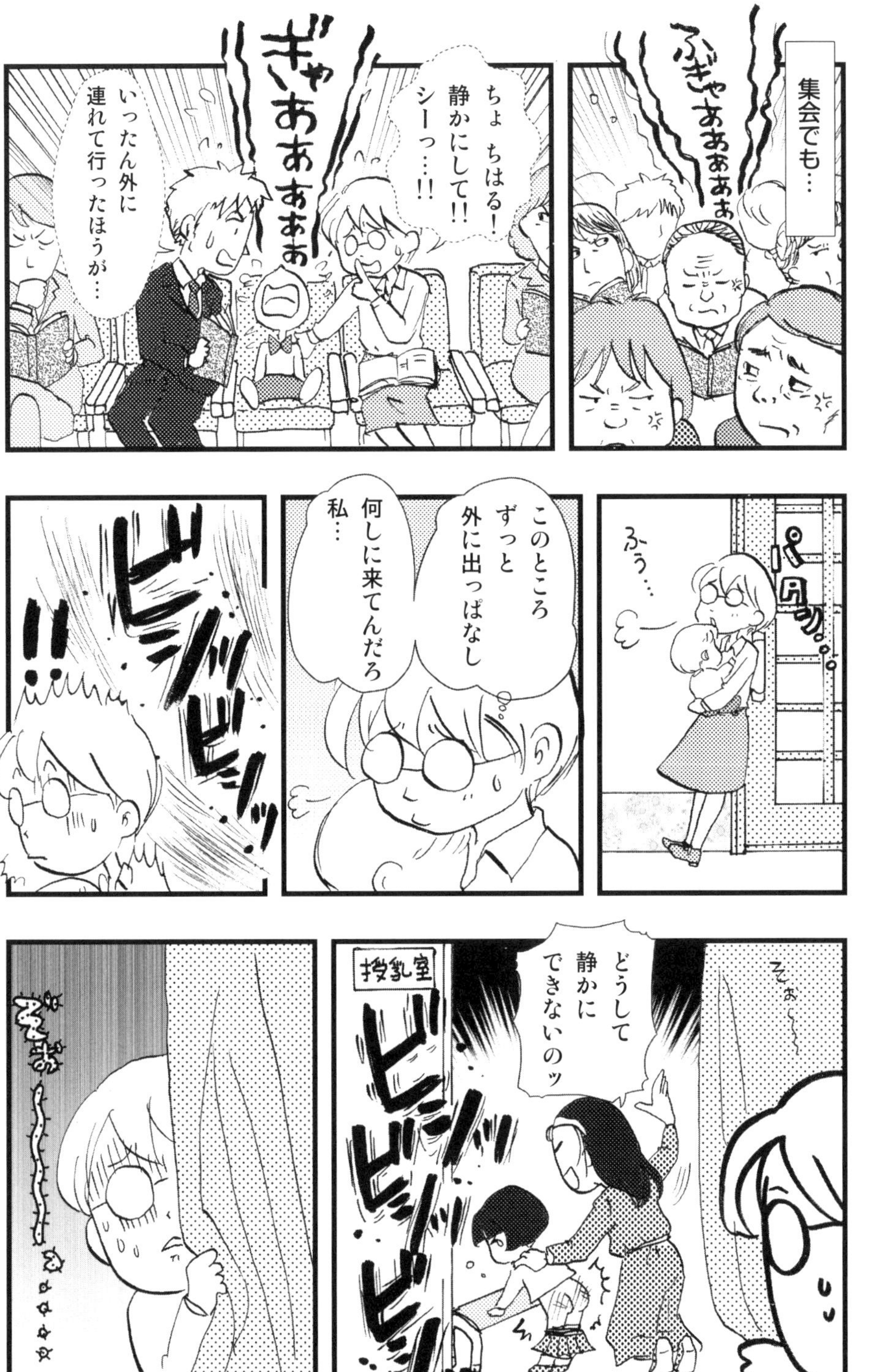

集会でも…
ふぎゃあああああ
ぎゃあああああ
ちょ ちはる! 静かにして!! シーっ…!!
いったん外に連れて行ったほうが…
ふぅ…
このところずっと外に出っぱなし
何しに来てんだろ私…
授乳室
どうして静かにできないのッ

ー…お子さんの
ちはる君の件ですが…
子どもをしつける
少し集会中に
騒がしいように
思われます
集会前後に
はしゃぎ回るのも
ふさわしくありません
聖書に基づいた
愛のある懲らしめを
与えていますか？
ハア…
パタン…
わざわざ
家に来てまで
静かにしろって
言いたかったのかよ
長老のこと
そんな言い方したら
不敬だよ
でも私も集会で
ある姉妹から
「集会に集中したい
からお尻を叩いて
大人しくさせなさい」
って言われたわ…
マジか…
こんなに小さいんだから
集会の内容なんて
分かるわけないのにな
泣いたりぐずったり
するのは
仕方ないと思うけどな
？
わたしと
わたしの家の者と
エホバに仕えます
エーっ!!
幼稚園に
入れるのー!?

うん…
どうして？
私たちみんな 行かせないよ
まだ小さいのに 親から引き離す なんて可哀そう
可哀そう… かなー…
炎天下の中を 奉仕に連れまわす方が 可哀そうだよ…
クリスマス会とか お誕生日会とか 行事ごとは 休ませるの？
前もって 先生には説明 するんでしょう？
まあ…それは…
普通に受けさせる つもりだとは 口が裂けても言えない…
信仰が 試されるわよね！
ひな祭り、鯉のぼり 夏祭り、ハロウィン…
異教由来のものは どれもエホバが 憎まれるものね！
絵本も童謡も ふさわしくないもの ばかりよね…
私 この絵本の おまじないかける部分 修正液で塗りつぶして 書き直したもの
いたいの いたいの とんでいけ
すごいわ～
模範的～
そうそう この前出た 「カレブ」のビデオ 見た？
見た見た！ すごく 励まされたわ～
げっ 「カレブ」…

「カレブ」とは カレブという少年が主人公の エホバの証人の子ども向けアニメです
カレブがお友達から もらった キャラクター人形を
エホバを かなしませたい？
サタンが よろこんでも いいの？
どうして 持っていては いけないのかを 話して聞かせて
自分でごみ箱に 捨てさせるのよねー
ポイ
すごいわぁー
うちもあんな風に 子どもを 教え諭さなきゃ～
ホント よかったわよね あのビデオ！
きゃい きゃい
よかった？
プレゼントを 捨てさせるなんて どうかしてるよ…
なんか… 私って おかしいのかな…
私はただ ちはるに 笑っていてほしい だけなのに…
えぇ～えぇえぇえぇん
わ また始まった
ふえぇぇぇぇぇん
ちはる！ ほら絵本！ カードにするか？

ギロ
えぇぇぇぇぇん
うえぇぇぇぇぇん
うえぇぇん
びぇぇぇぇ
えぇぇぇぇん
えぇぇぇぇんw
ばっ!!
ハッ…
ぷりん
ブチーン
……!!
?

今日は授乳室から「いい音」が響いてきたわ～
ワイワイ
ザワザワ
私も昔を思い出したわ～
がんばってるのね!!
ビシ
ビシッ!
ヒリヒリ
ハア…どうも…
叩いてないけど褒められちゃった
さし
かえろっか…
たっちゃんは……
どうしてちはるのこと叩くの？
えっ？
本当にちはるのこと考えてるの？
それとも
「いいお母さん」って思われたいだけ？

……
叩いてないよ…
エホバの証人の信条と自分の心の間で揺れうごく私と夫との間には小さな溝が出来つつありました
集会に行く度にピリピリする私たちの空気を察したのか
急いで!
間に合わないよ~
先に車だして来るから!
ドタ
ドタ
ぼくしゅうかい
いきたくないっ
私たち夫婦にもいよいよ
な…なんで?
ながいから!
たしかに…
決断を迫られる時が来たのかもしれません

第14話　息子の病と輸血問題

まさかこのまま
1か月以上 帰って こられなくなるなんて…
おぐら小児科
うーん…
わからない ねぇ
ウイルス性 胃腸炎じゃ ないし…
紹介状書くから 大きな病院行った方がいいよ
近くの総合病院へ着く頃には 息子の具合はますます悪くなり
血のオシッコを出すように なりました
入院して2日目に 心臓に異常があることがわかり
使用中
とても珍しい病気のようで MRIに医者がたくさん見に来ました
息子の病名は
肺動脈性 肺高血圧症です
舌を噛みそうな長い名前でした
心臓から 肺につながる 肺動脈という血管が
ココ
なんらかの理由で 狭くなる病気です
手術が できない病気で 難病に 指定されています
明日の朝一番に 救急車を出しますので 専門病院へ転院 してください

……
突然のことでどうしていいか分からない↓
わかりました
ママ
ちはる
ちはる〜
明日ねぇ救急車に乗れるんだってサ!
きゅうきゅうしゃ?
ゆーえんち……
いくの…?
ごめんね…遊園地じゃないんだ…
ごめんね…
ごめんね…
ごめんね…
!!
息子は点滴チューブが付いた手で泣いている私の頭をよしよししてくれました
私は息子の前ではもう二度と泣かないことを決意しました

翌日ー
ハッキリ申し上げて
かなり危険な状態です
心臓の右心室が全く動いていません
今から強心剤を打ちますが最悪の事態も覚悟していてください
う…嘘だろ…
数日前まで元気に走り回っていたのに…
あのー…
先生ー
孫は私立幼稚園のスポーツクラブに通っていますが
やはり辞めさせなければいけませんか?
お義母さん!?
オカン!?
あなたは?
ちはるの祖母です♡

あのね
おばあちゃん
…ですか？
コホン
今
生きるか
死ぬかの
話をして
るんです
そんな先のこと
聞かんでください
ショボーン…
…とにかく
こちらも
最善を
尽くし
ますので…
処置が
終わるまで
外で待っていて
ください
だ…
大丈夫よ
エホバが助けて
くださるわ！
エホバは忠実な僕《しもべ》を
決してお見捨てには
ならないもの!!
※姑も熱心なエホバの証人です
正直 この時はまだ
息子の命が危ういことに
まるで実感がなかったのです
息子の処置を待つ
何時間もの長い間
ベンチに座りながら
「医療ドラマの
ワンシーンみたい」
などと考えていました
ただ 静かなフロア中に
「エホバが
なんとかしてくれる」
「エホバを信じなさい」
という姑の甲高い声だけが
響き渡っていました

たっちゃん… 俺
オカン送ってくるわ
ついでに荷物
取りに行くから
何かあったら
連絡して
ごめんねぇ〜
たっちゃん… 祈ってるからね!
あ…うん…
ありがと…
気をつけて…
ヴ――ッ
…もしもし…
もしもし
お父さん
ですが
ちはる
どうだ?
あ
父さん
…
ちはるね…
思ってたより
悪くって…
心臓のひと部屋が
動いてなくて…
あのね
それで…
ど
どうしよう
お父さん
ちはるが
ちはるが
死んじゃう…
父に現状を説明しながら
初めて「これは現実なんだ」
と気づかされ
いやだー
いやだよぉー
うぉぉん
たっちゃん
大丈夫だから
なっ?
明日母さんと
そっち行くから!
何か
食いたいものは…
うぉおおぉん
私は子どものように
わんわん泣きました

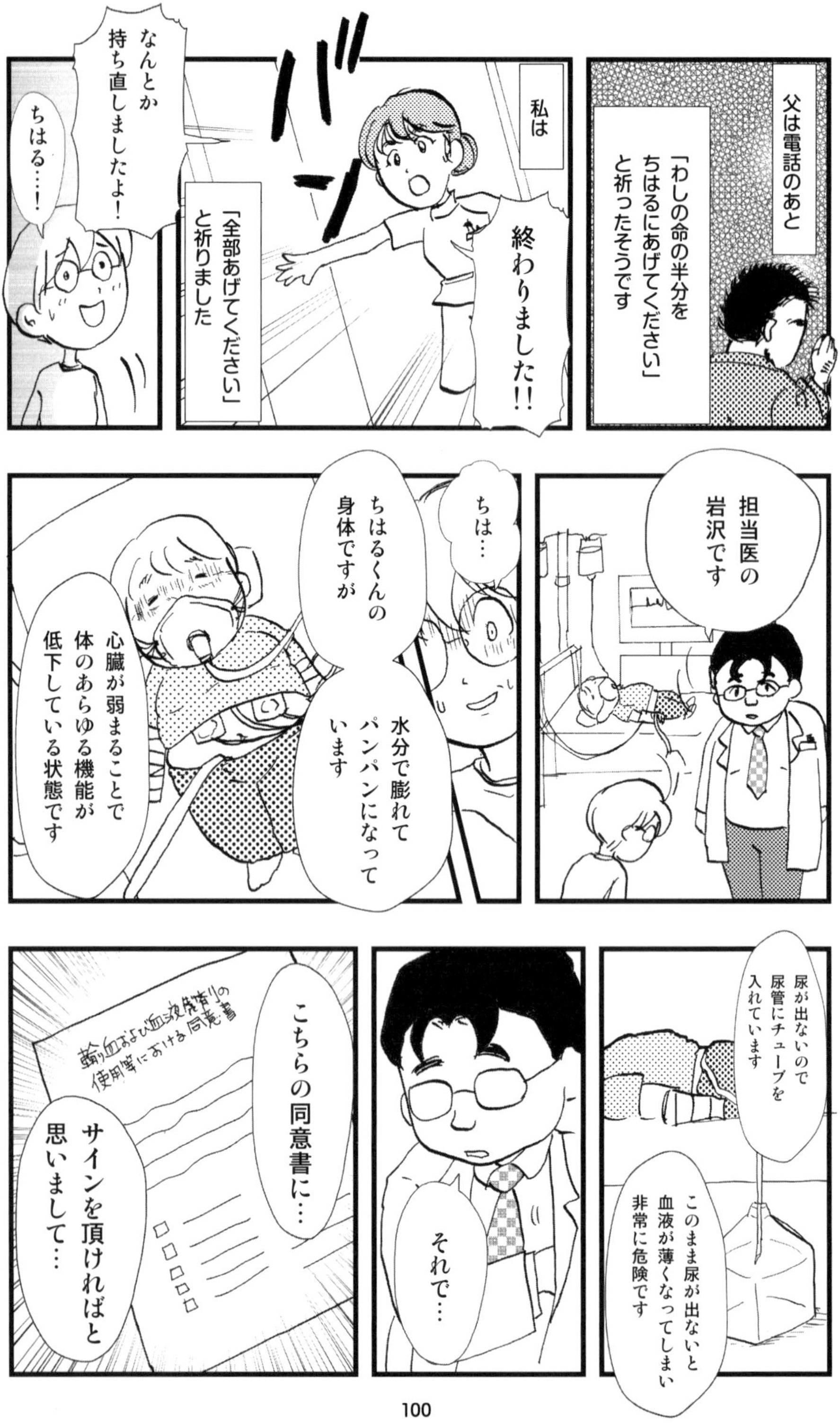
父は電話のあと
「わしの命の半分を
ちはるにあげてください」
と祈ったそうです
私は
「全部あげてください」
と祈りました
バーン
終わりました!!
なんとか
持ち直しましたよ!
ちはる…!
担当医の
岩沢です
ちは…
ちはるくんの
身体ですが
水分で膨れて
パンパンになって
います
心臓が弱まることで
体のあらゆる機能が
低下している状態です
尿が出ないので
尿管にチューブを
入れています
このまま尿が出ないと
血液が薄くなってしまい
非常に危険です
それで…
こちらの同意書に…
サインを頂ければと
思いまして…

輸血…!
輸血およ
使用等い
手術しないから必要ないと思ってたのに…!
まあ…輸血がダメな宗教の方もいますけど…
そうでなければ特に問題は…
実は…
ボソ…
い、いその宗教なんです…
ヅーっ!?
!?
チッ
チッ
はぁ
この病気を輸血なしで治療した先例はありませんよ
できれば今すぐにでもサインを頂きたいんです
どうしよう…
※「夫に電話してくる」と言って抜けてきた
エホバの証人にとって輸血されることは強姦されるくらい忌み嫌うべきことで…
最近ではDVDなどの教材で「無輸血治療は最善の医療」などと教えられ私も何の疑いもなくそれを受け入れていました
ちはる…!!
せっかく一命をとりとめたのに…
こんなことって…

医者は…悪いことをしているんじゃない
ちはるの命を救おうとしているだけだ…
なんで私は
彼らの邪魔をしようとしているの？
エホバの信条を守って結果子どもを死なせるのと
聖書に出てきた邪悪な偶像崇拝者が子どもを悪魔の生贄《いけにえ》にささげるのとどう違うって言うの？
それに…もし万が一楽園がこなかったとしたら…
二度とちはるには…
バッ
輸血および血液製剤
使用等における同意書
カチッ

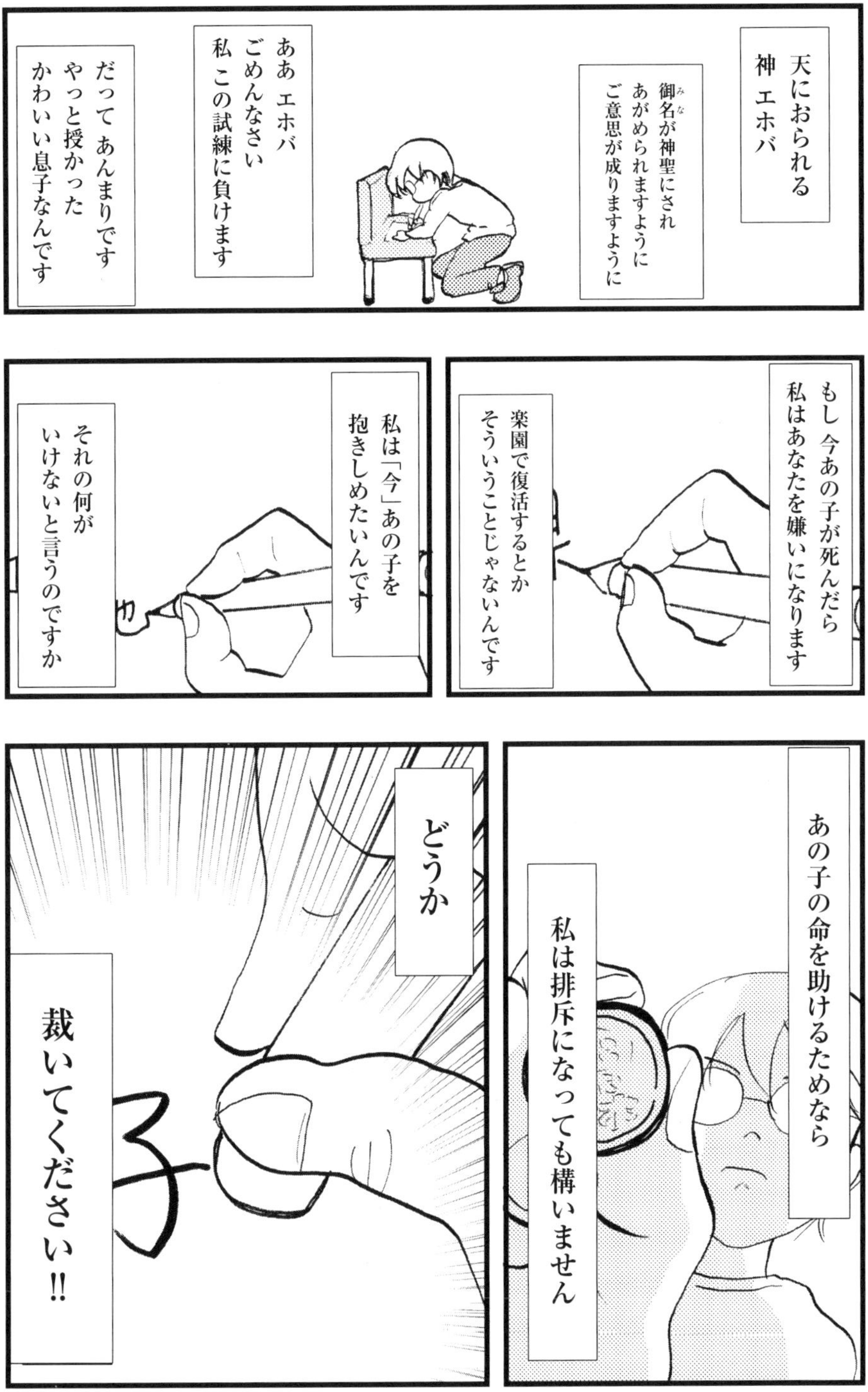
天におられる 神 エホバ
御名《みな》が神聖にされ あがめられますように ご意思が成りますように
ああ エホバ ごめんなさい 私 この試練に負けます
だって あんまりです やっと授かった かわいい息子なんです
もし 今あの子が死んだら 私はあなたを嫌いになります
楽園で復活するとか そういうことじゃないんです
私は「今」あの子を 抱きしめたいんです
それの何が いけないと言うのですか
あの子の命を助けるためなら
私は排斥になっても構いません
どうか
裁いてください!!

先生
おねがいします
え…
信仰のほうは…
それはそれなんですけど
全て先生方にお任せします
どうか息子を
助けてやってください
…わかりました
とりあえず血液製剤を使ってみて
効果が見られない場合輸血に切り替えましょう

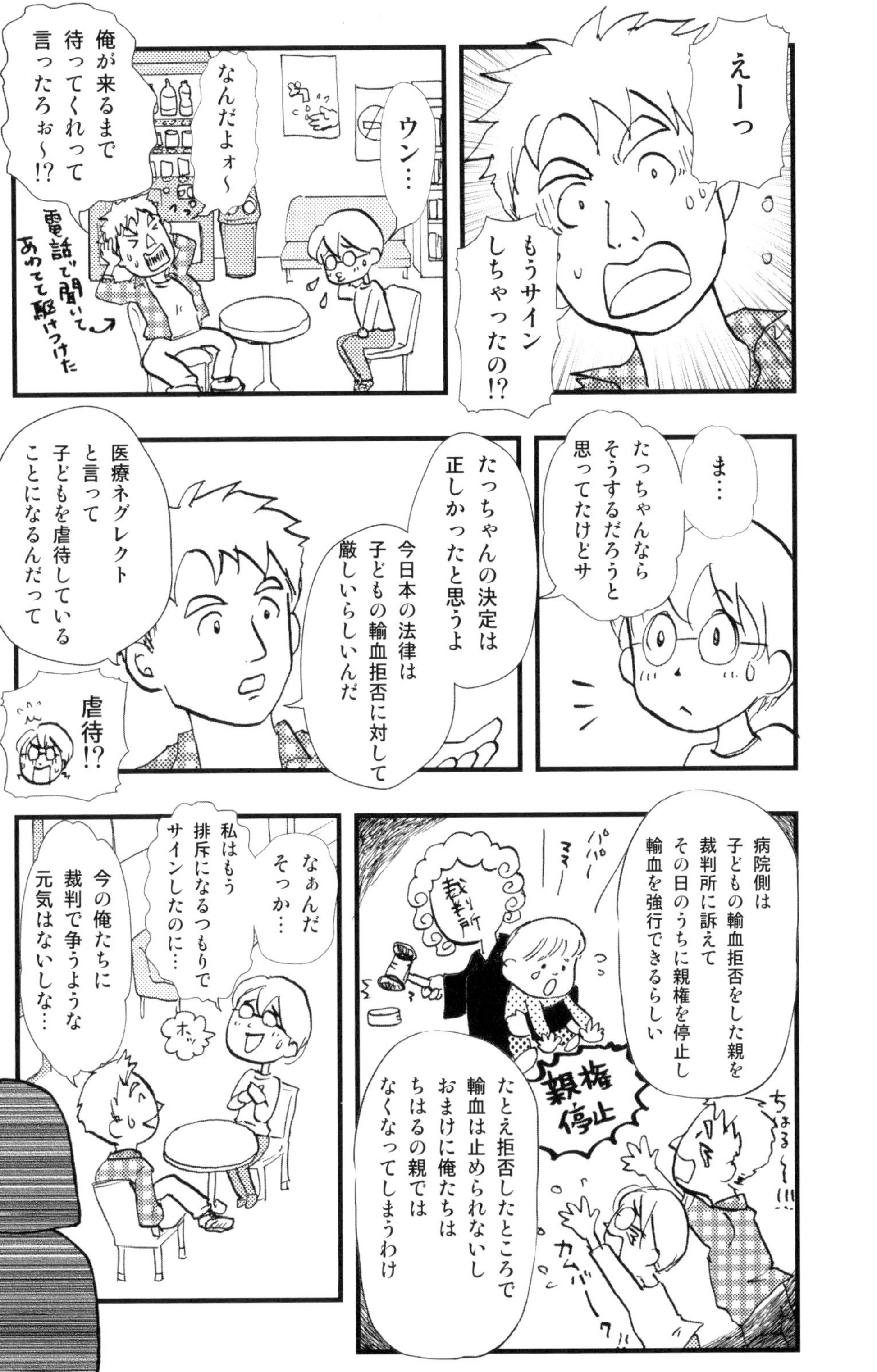
えーっ
もうサインしちゃったの!?
ウン…
なんだよォ~
俺が来るまで待ってくれって言ったろぉ~!?
電話で聞いてあわてて駆けつけた
ま…
たっちゃんならそうするだろうと思ってたけどサ
たっちゃんの決定は正しかったと思うよ
今日本の法律は子どもの輸血拒否に対して厳しいらしいんだ
医療ネグレクトと言って子どもを虐待していることになるんだって
虐待!?
病院側は子どもの輸血拒否をした親を裁判所に訴えてその日のうちに親権を停止し輸血を強行できるらしい
パパ~
ママ~
裁判所
親権停止
たとえ拒否したところで輸血は止められないしおまけに俺たちはちはるの親ではなくなってしまうわけ
ちはる~!!!
カムバ~ク!!
なぁんだそっか…
私はもう排斥になるつもりでサインしたのに…
ホッ
今の俺たちに裁判で争うような元気はないしな…

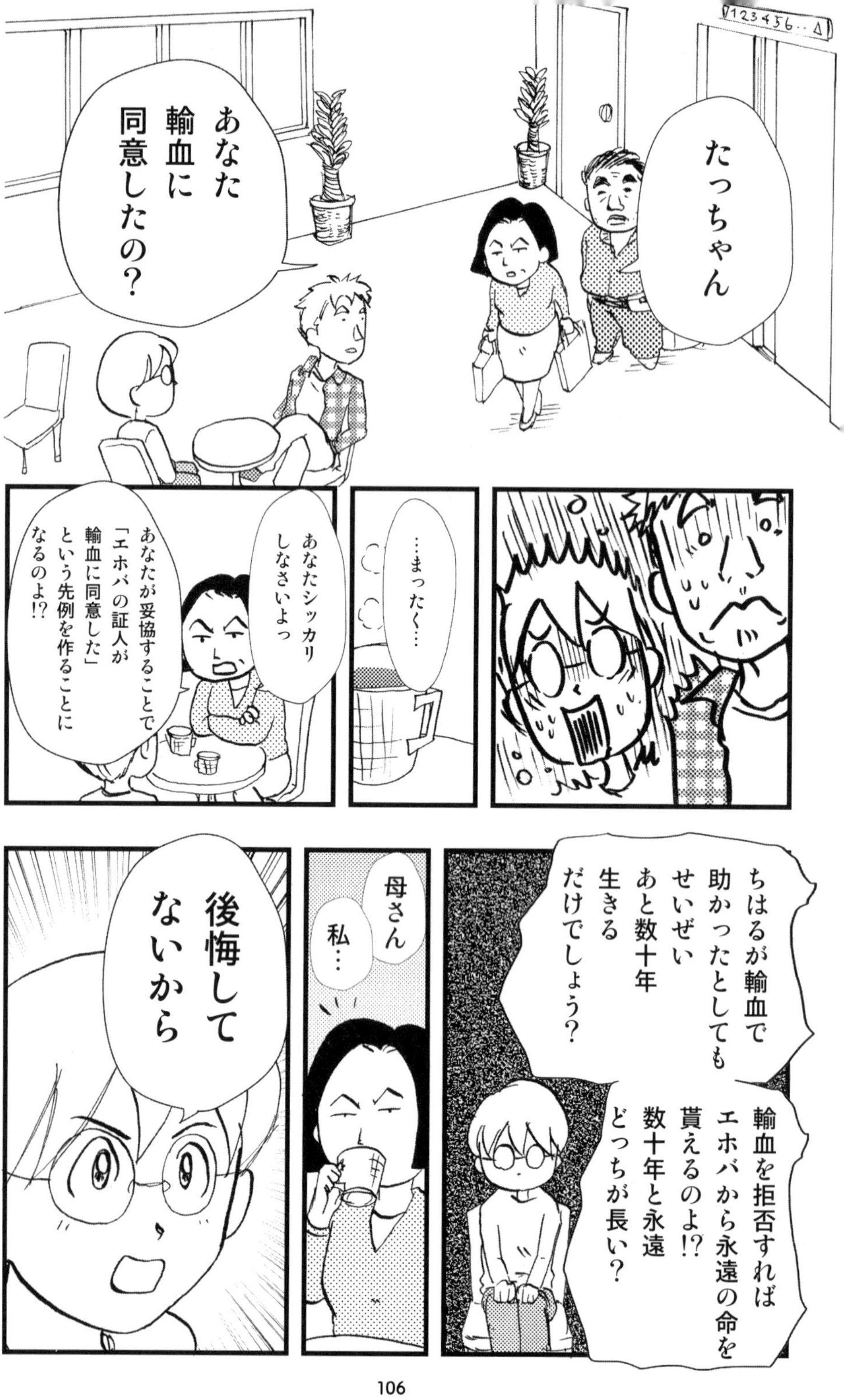
たっちゃん
あなた輸血に同意したの？
…まったく…
あなたシッカリしなさいよっ
あなたが妥協することで「エホバの証人が輸血に同意した」という先例を作ることになるのよ!?
ちはるが輸血で助かったとしてもせいぜいあと数十年生きるだけでしょう？
輸血を拒否すればエホバから永遠の命を貰えるのよ!? 数十年と永遠どっちが長い？
母さん
私…
後悔してないから

母は
少し驚いた顔をして
大げさに
ため息をついた後
荷物を置いて
帰っていきました
ちゃん
がんばれよ
言っちゃった…
初めてお母さんに
口答えしちゃった…!!
ドキ
ドキ
カァァ
ちはる
がんばれ
ママが
ついてるよ
翌日…
ぽちゃん
おおおおおお
ぽちゃん
ぽちゃん
オシッコ
でてる!!
オシッコ
でてる!!

ちはる～
よくがんばった
ね!!
ちんちんの
ストローが
いやだ
うん
確かにコレは
嫌だな…
チラ
よかった
よかった
パァァ…
水分が抜けて
身体のむくみも
取れてきましたね
このままいけば
輸血はせずに
済みそうです
あーりがたや
ありがたや
ちはる君
元気になって
よかったね!
も～
最初に救急車で
運ばれてきたときは
どうなるかと思った～
ちはるの
担当じゃない
看護師さんも
気にしてくれて
いたんだね…
みんな
いい人だね…
ABCDE
FGHIJ
KLM
数日後
長老たちが面会に来ました
わざわざ遠くから
ありがとうございます
でも小児病棟は
家族しか入れないので
スミマセン…
いえいえ
大丈夫です
お役に立つかと
思いまして…
このような資料を
お持ちしました
わたしたちの王国宣教
―無輸血治療―
に伝えるか

……
この資料にあるように医師からどのような圧力があろうと
最後まで輸血を拒否する姿勢をつらぬいてください
医師だけでなく看護師麻酔科医にも伝えてください
輸血が行われていないことをしっかり確認してください
兄弟たちが信仰を保てるよう共に祈りましょうか?
エッ いいです!!
いつも家族で祈ってるので!!
あぶねー公衆の面前で祈られるところだった
はずかしー!!
ていうか…もうすでに輸血同意書にサインしちゃってるんだけどな…
バレなかったね…
とはいえ皆さんの愛(?)のおかげで
ちはるの容体は次第によくなり
食事ができるようになり
スキキライしないの!!
あ〜〜ん
自力で歩けるようになり
お風呂に入れるようになり
お友達もできた
プレイルーム
おかたづけしましょう!

※肺高血圧の余命は３～５年と言われていました

※肺動脈性肺高血圧症のこと

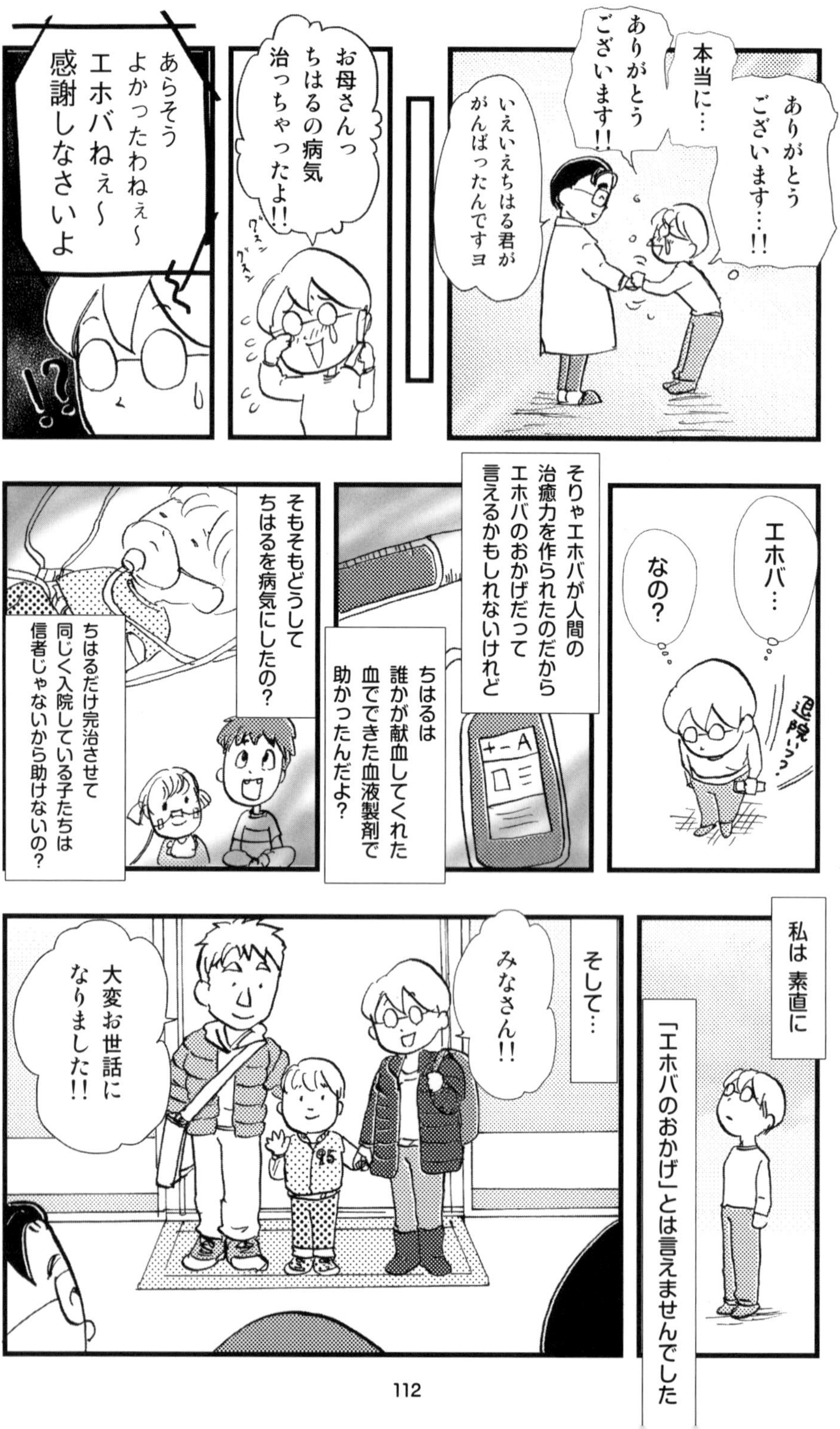
ありがとうございます…!!
本当に…
ありがとうございます!!
いえいえちはる君ががんばったんですヨ
お母さんっ ちはるの病気治っちゃったよ!!
グスングスン
あらそう よかったわねぇ～ エホバねぇ～ 感謝しなさいよ
!?
エホバ…
なの?
そりゃエホバが人間の治癒力を作られたのだから エホバのおかげだって 言えるかもしれないけれど
ちはるは 誰かが献血してくれた 血でできた血液製剤で 助かったんだよ?
そもそもどうして ちはるを病気にしたの?
ちはるだけ完治させて 同じく入院している子たちは 信者じゃないから助けないの?
私は 素直に
「エホバのおかげ」とは言えませんでした
そして…
みなさん!!
大変お世話になりました!!

なあ
命ってさ
燃やし尽くすものだと思うんだ
え？
ちはるが病気になって考えたんだ
人が与えられた命を存分に用いることこそ神のご意志なんじゃないかって
エホバの証人のストイックな生き方もいいけどさ
神からしてみれば「気持ちは嬉しいけどお前らもうちょっと人生楽しめよ」って感じなんじゃないかな
うん…
そうだね
こうしてちはるは退院しました
ママー おなかすいた
おー…
晩ごはんの支度そのままだった!!
あーあんなすっごいカビ生えてたぞ!!
季節はすっかり冬になっていました

ちはるが退院してからの数か月は
ほったらかしにしていた
家を片付けるのに大忙しでした
そうじとか
カビとか
せんたくもの とか
カビとか
あとカビとか
カビとか
ウィィィィィィン
ズゴゴゴ
?
ちはる
なに観てるの?
ゆーちゅーぶ
だよ
ウィィィイン
へー
色々
あるんだねェ
このどーが
おもしろいよ
ちょっと休憩
ん…?
エホバの
証人…?
「性的…
虐待…」
ドキ
私はついに
中を見たら
二度ともとには戻れない
パンドラの箱を
開いてしまったのです
KINGDOM HALL
キャンディス・コンティは9歳の日から宗教組織内で性的虐待を受けていた
エホバの証人の長老に虐待されていたのです。
ドキ
ドキ
ママ
そっちじゃないよ～
ピカキンだよ～
「私は自分が何もしなかったことで深く反省しました。他の人にも起きてしま

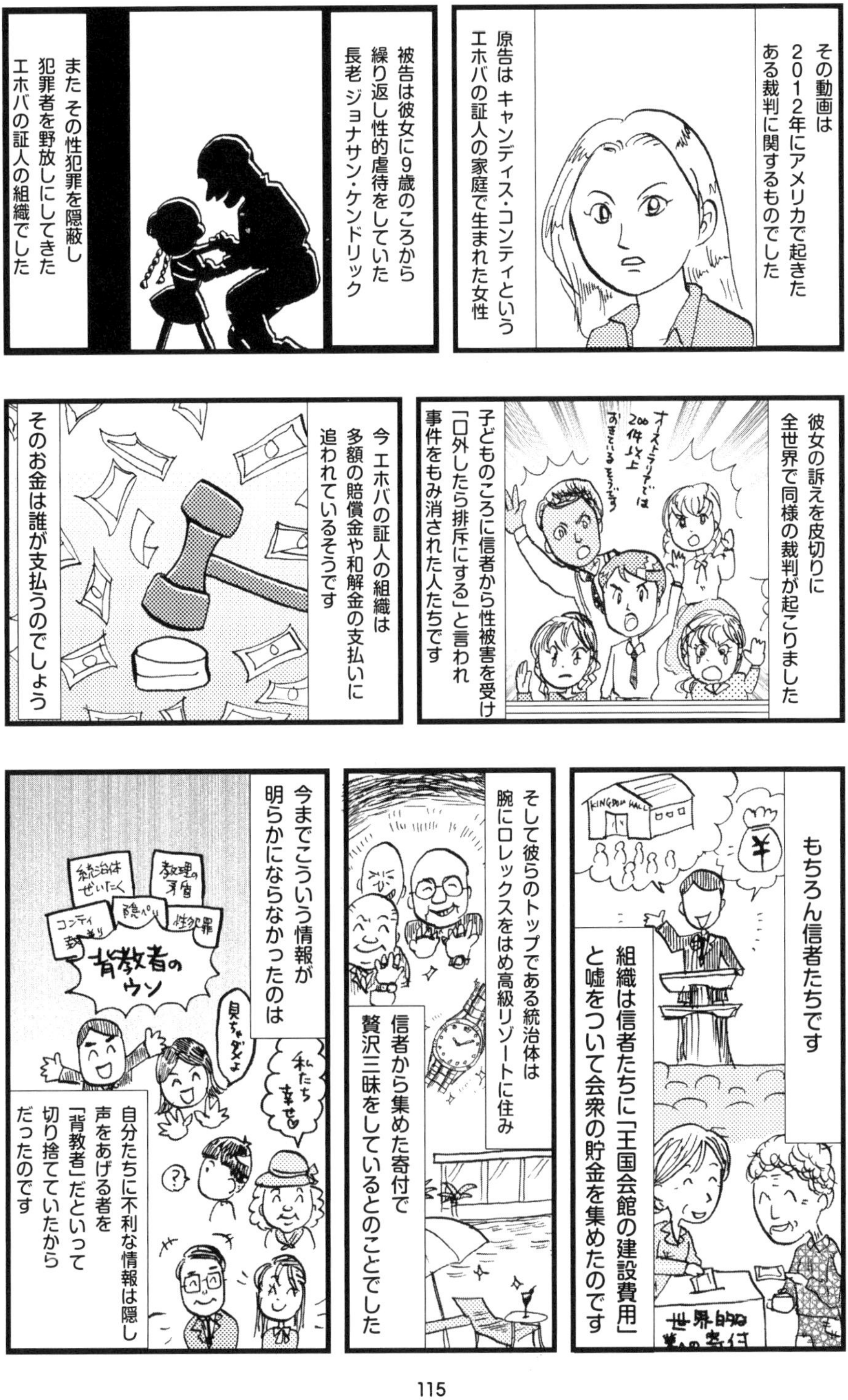
その動画は
2012年にアメリカで起きた
ある裁判に関するものでした
原告は キャンディス・コンティという
エホバの証人の家庭で生まれた女性
被告は彼女に9歳のころから
繰り返し性的虐待をしていた
長老 ジョナサン・ケンドリック
また その性犯罪を隠蔽し
犯罪者を野放しにしてきた
エホバの証人の組織でした
彼女の訴えを皮切りに
全世界で同様の裁判が起こりました
オーストラリアでは
200件以上
おきているそうです
子どものころに信者から性被害を受け
「口外したら排斥にする」と言われ
事件をもみ消された人たちです
今 エホバの証人の組織は
多額の賠償金や和解金の支払いに
追われているそうです
そのお金は誰が支払うのでしょう
もちろん信者たちです
KINGDOM HALL
¥
組織は信者たちに「王国会館の建設費用」
と嘘をついて会衆の貯金を集めたのです
世界的な
そして彼らのトップである統治体は
腕にロレックスをはめ高級リゾートに住み
信者から集めた寄付で
贅沢三昧をしているとのことでした
今までこういう情報が
明らかにならなかったのは
統治体
ぜいたく
教理の
矛盾
コンティ
隠ぺい
性犯罪
背教者の
ウソ
見ちゃダメよ
私たち
幸せ♥
?
自分たちに不利な情報は隠し
声をあげる者を
「背教者」だといって
切り捨てていたから
だったのです

そんな…
嘘だ
何かの間違いだ
ドキ
ドキ
ドキ
ドキ
神の組織がこんな…
嘘だ!!
良心の危機
私は片っ端からエホバの証人に関する本を読み漁りました
すると 今までの違和感を裏付ける話が山のように出てきたのです
今にはじまったことじゃないんだ…
この宗教昔から嘘ばかりだったんだ…
え?
ちょっと待ってそしたら…エホバっていないの?
楽園…
来ないの?
私 今まで…
何してたの?

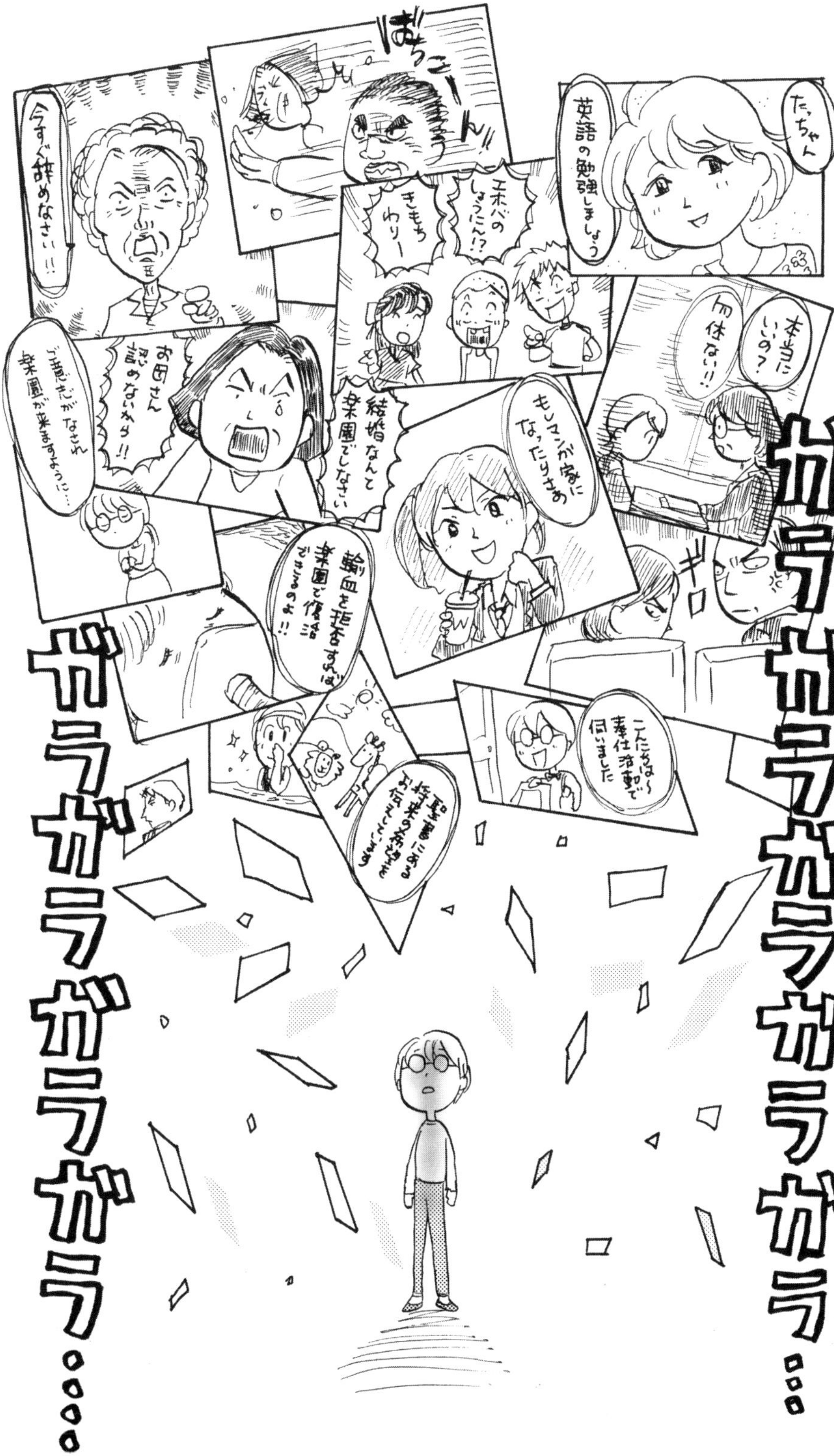
たっちゃん
英語の勉強しましょう
ぼちこーーん!!
今すぐ辞めなさい!!
エホバのしょうにん!?
きもちわりー
本当にいいの?
勿体ない!!
もしマンが家になったりさぁ
結婚なんて楽園でしなさい
お母さん認めないからね!!
ご意志がなされ楽園が来ますように…
ギロ
輸血を拒否すれば楽園で復活できるのよ!!
こんにちは〜奉仕活動で伺いました
聖書にある将来の楽園をお伝えしています
ガラガラガラ…
ガラガラガラガラ…

ただいまー
わっ
どうしたの!?
おかえり
ヨロ
ヨロ
フーン
なるほどね…
前からおかしいと思ってたんだ
よし!! 辞めよう
俺もう集会行かないし
奉仕も出ないわ
たっちゃんはどうする?
エッ
あっさり
そんな…よく急に決められるね…
前から「この世的」な※人だと思ってたケド…
なんでだよ〜
真理じゃないならやるだけ時間のムダだろー?
アワワワワワ
アワワワワ
※俗っぽい人のことです…。
じゃあ…1回だけ集会に行ってから決めない…?
アメリカの本部から統治体の兄弟が来日しているらしいし…
エホバの証人の王国
私は「答え」を求めて
最後に一度だけ王国会館に足を運びました
!!

みんな…
目が怖い!!
笑っているのに
笑っていない…
怖い…!
今日は
特別集会です
スクリーンに
映し出される
統治体の兄弟の講演に
耳を傾けましょう
パ
え…
ロレックス…
たくさんの指輪…
本当だったんだ…
私たちのトップって
こんな人だったんだ…

たっちゃん!?
たっちゃん
もう帰る?
うん…
カンちゃん
ん?
もう集会
行かないで
いいよね
俺も
そう言おうと
思ってた
エホバの証人の
王国会館
あっ!!

バルーンパラダイス
あれなに?
「バルーンパラダイス」だって!!
いきたい
いきたーい!
ちょっと寄っていくか…
15分100円
!
ボヨン
ボヨン
ボヨン
キャッ
キャッ
ボヨヨン
パラダイスだぁ〜!!
……
楽園…
15分100円で手に入ったな…
ワーイ

宗教を辞めることを決意してはじめて私たちはのんびりした休日を得ました
だら〜ん
これまでは集会や伝導で家族でゆっくりする暇がなかったのです
ピンポーン
また来た…
次は私が出るね…
しかし大変なのはこれからです
姉妹〜お元気？
どうされてるかなーと思って寄ってみました
錠
ガチャ
ああ…わざわざすみません…
ちょっと事情がありまして…また行きますね
ガチャん
あっ…
なぜ私が辞めたと言わないのか
それはエホバの「鉄の掟」があるからです
ふーやれやれ
ママーだれかきたの
ハラへったー
エホバの証人ではエホバ神だけでなく宗教を運営している組織自体も神が導いているとされています
エホバ
聖霊で
みちびく
組織
統治体
各地域の末端信者に指示
そのため 組織に対する悪口を言うだけでも〝背教行為〟とみなされ長老に密告されて排斥されてしまうのです
「もうエホバの証人とは関わりません」と自ら〝断絶〟を宣言することもできますが
やめさせられる
排斥
自らやめる
断絶
忌避
どんな急な用事でも
みえない壁
完全ムシしなければならない
そうしてしまうと信者である親とは連絡が一切取れなくなってしまいます

だから私たちは「気づいたらあの人たち居なくなってた」作戦で行くことにしました
よし!!
ごはん食べたら実家に行ってくるわ!
親にはちゃんと辞めることを説明しなきゃ
他の人たちみたいにうやむやにはできないしね
そうか…
ぐっ
ドン
たっちゃん
大事な話ってなに?
あの…
私…たち…家族…
エホバの証人を辞めようと思います
ドキドキ
!!
事前に聞いてた人
あなたね!! ちはるをエホバに助けてもらっておいてどういうつもり!?
エホバから離れて幸せになれるハズないわ!! カンちゃんは他で女作ってちはるは学校でいじめられて自殺するに決まってる! 不幸になるに決まってる!
組織も不完全なのよ! ときに間違いも犯すわ エホバが正してくださるわ エホバを待てばいいのよ!!
来た…
いい加減にしなさいよ! せっかくお父さんが真理に入ろうとしてくれているのに!!

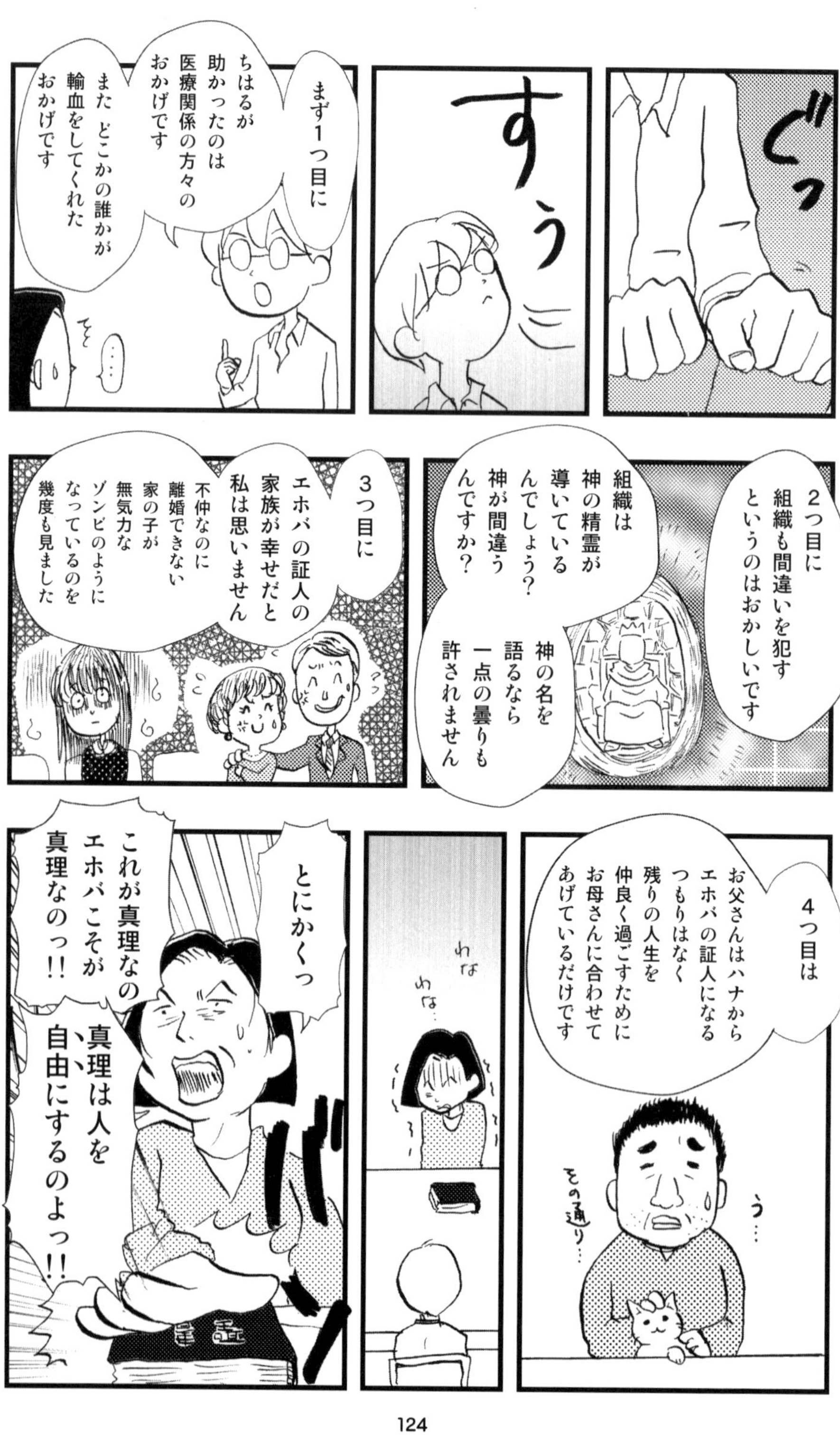
ぐっ
すう
まず1つ目に
ちはるが
助かったのは
医療関係の方々の
おかげです
また どこかの誰かが
輸血をしてくれた
おかげです
……
2つ目に
組織も間違いを犯す
というのはおかしいです
組織は
神の精霊が
導いている
んでしょう?
神が間違う
んですか?
神の名を
語るなら
一点の曇りも
許されません
3つ目に
エホバの証人の
家族が幸せだと
私は思いません
不仲なのに
離婚できない
家の子が
無気力な
ゾンビのように
なっているのを
幾度も見ました
4つ目は
お父さんはハナから
エホバの証人になる
つもりはなく
残りの人生を
仲良く過ごすために
お母さんに合わせて
あげているだけです
う…
その通り…
わな
わな…
とにかくっ
これが真理なの
エホバこそが
真理なのっ!!
真理は人を
自由にするのよっ!!

自由…？
どこが
自由？
部活
友達
恋愛
出産
服装
進学
輸血
私…
今まで一度だって
自分が自由だなんて思ったことない！
シーーーン

ま…
まあまあ…
たっちゃんも色々あって疲れてんだよ…
な？、
1年くらい休ませてやったらどうだ？
な？、
別に排斥とかじゃないんだろ？いつでもちはる連れて遊びに来れるだろ？
なっ、
その場は父が何とか取り持ってくれて
よし!!コーヒーのもう!!
かあさんコーヒーいれて!!
はいはい
母との対決は終わりました
疲れた…
これで実家は出入り禁止かも…
正直 ここまで白熱するとは思ってもみませんでした
ですが後日
RRRR
事態は急展開を迎えたのです
実家
1 2 3 4
もしもしお父さんですが
ああ…この間はありがとう
たっちゃん昨日大変だったんだぞー
カンちゃんとこのお母さんがうちに怒鳴り込んできてなー
げ。

父の話によると
エホバ やめるわ よろしくー
カンちゃんから「辞める」と聞かされた姑は
なんですって!?
姑
うちの可愛いカンちゃんを
あの女がそそのかしたのね
ゴゴゴゴゴ
…と思い込み
うちの実家に突撃
バーン
「最悪の嫁」だと猛攻撃
これにはさすがに母が長年かけて手なずけた父も
ブチン
猛獣に戻り
それでも母親か あんた
エホバがこんなこと許すとでも!?
お…おちついて…2人とも…
大バトルになったそうな
というわけで
お前も大変だったんだなー
ワシら応援するから
あ…ありがと…
じゃあね…
勝手に収束してくれました
今は両家ともいい感じの距離をとりつつ
ちはるちゃん カレブのビデオみましょうね♡
NO~!!
エホバの友となろう
たまに孫を会わせに顔を出しています

第18話　もう戻らない

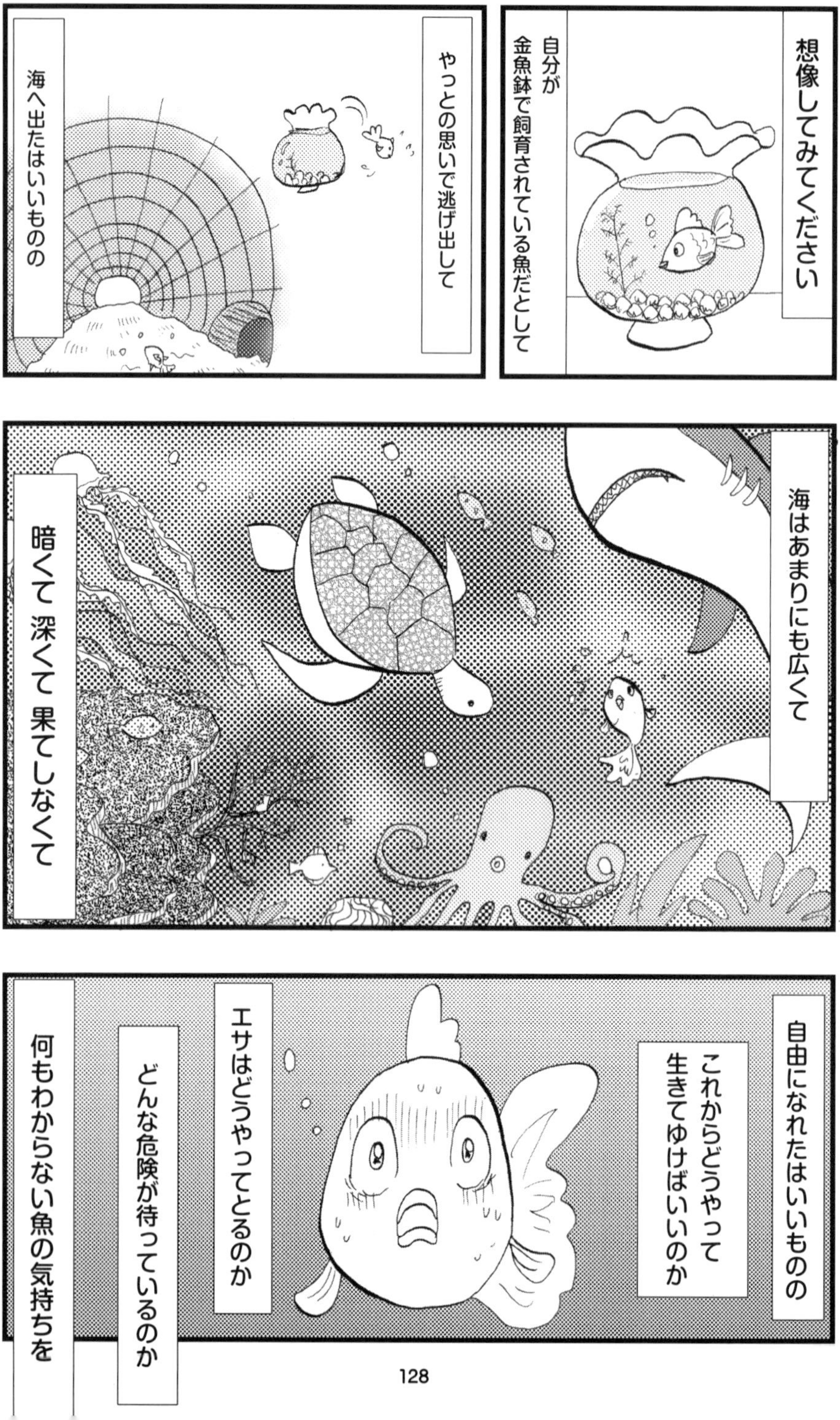
想像してみてください
自分が金魚鉢で飼育されている魚だとして
やっとの思いで逃げ出して
海へ出たはいいものの
海はあまりにも広くて
暗くて 深くて 果てしなくて
自由になれたはいいものの
これからどうやって生きてゆけばいいのか
エサはどうやってとるのか
どんな危険が待っているのか
何もわからない魚の気持ちを

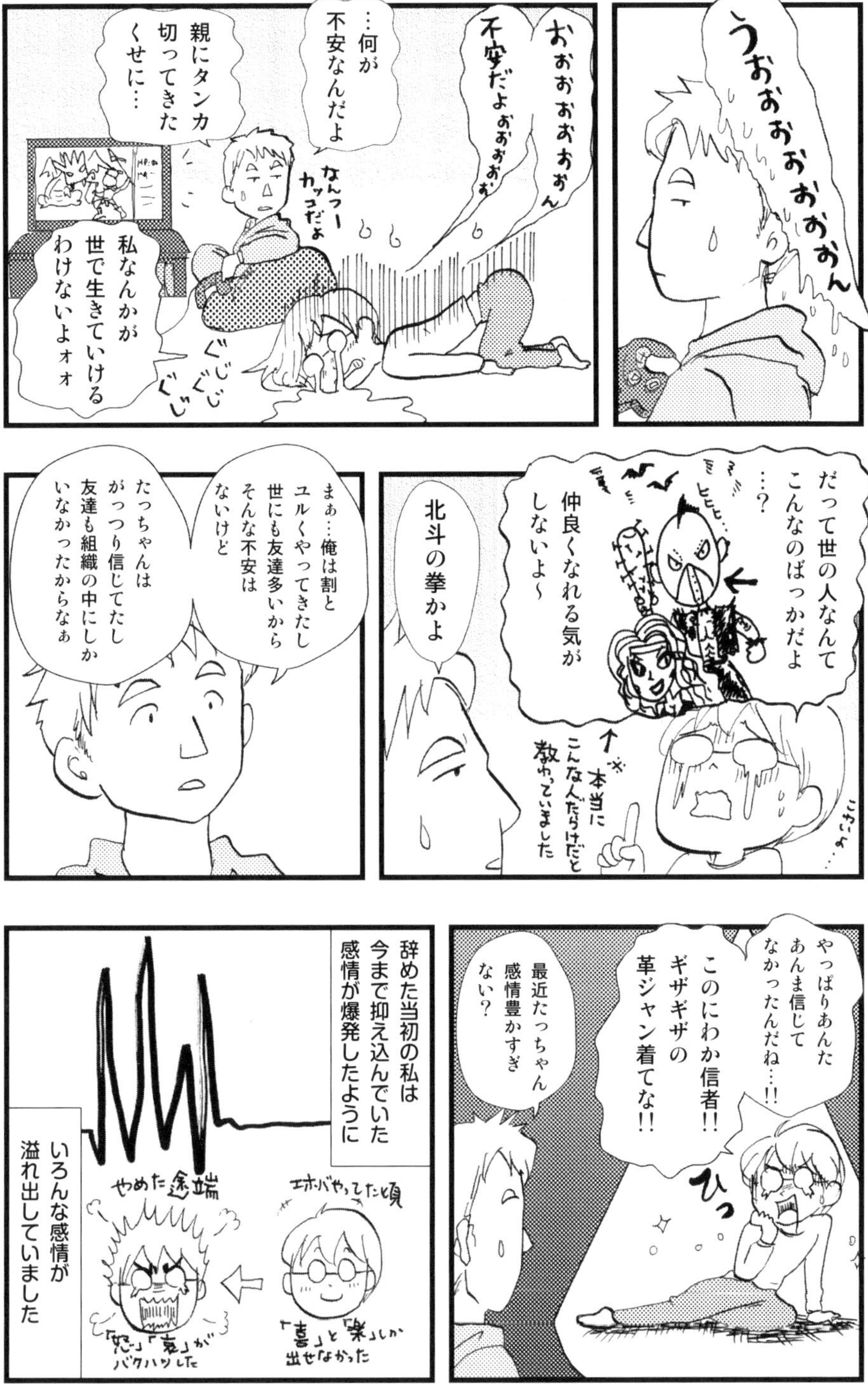
うおおおおおおん
おおおおおおん
不安だよぉぉぉぉぉ
…何が不安なんだよ
なんつーカッコだよ
親にタンカ切ってきたくせに…
私なんかが世で生きていけるわけないよォォ
ぐじぐじぐじ
だって世の人なんてこんなのばっかだよ…?
仲良くなれる気がしないよ～
北斗の拳かよ
本当にこんなんだらけだと教わっていました
こわいよ…
まぁ…俺は割とユルくやってきたし世にも友達多いからそんな不安はないけど
たっちゃんはがっつり信じてたし友達も組織の中にしかいなかったからなぁ
やっぱりあんたあんま信じてなかったんだね…!!
このにわか信者!!
ギザギザの革ジャン着てな!!
最近たっちゃん感情豊かすぎない?
ひっ
辞めた当初の私は今まで抑え込んでいた感情が爆発したように
いろんな感情が溢れ出していました
エホバやってた頃
「喜」と「楽」しか出せなかった
やめた途端
「怒」「哀」がバクハツした

そういう
カンちゃんもさ…
成功の㊙訣
幸せの法則
30代をどう生きるか
本また増えてない？
しかも
自己啓発
ばかり…
ちょっと また
変な宗教に
ハマりそうで怖いよ
アッ
いや これは
なんかこう…
自分の指針みたいなものが
欲しくってさ…!!
俺らってさ 今まで
「人間は不完全だから
自分の理解に
頼ってはならない」
とか言われて
何を決めるにも、
まず祈って
出版物しらべて
長老に相談！
エホバに依存
させられてただろ？
これからは何でも
自分で考えて
決めるクセ
つけていかないと
なーと思って
だからもうちょっと
賢くなりたいわけ
よし!! あっちにしよう
この人も
この人なりに
悩んでるんだ
そっか…
それよりまずは
転職したいな
今まで集会や
奉仕に割いてた
時間を
仕事に
費やせるなら
選択肢増えるし
日曜は出られない
スミマセン お先に失礼します!!
えーっ まだ途中…
楽園なんて
来やしないんだから
老後のために
ちゃんと貯蓄
しておかなきゃな
!!

そうだった
楽園こないんだったぁぁぁ～
おおおん
おおおん
おおおん
詐欺だぁぁ
ハルマゲドン
来る来る詐欺だぁぁ
めんどくせぇ
俺もまさか自分の老後のこと考えるようになるとは思ってもみなかったよ
だからなんなのそのカッコ…
でも俺らなんてまだマシだぜ？
中には年金も保険も払ってない人もいるだろ
そういう人たちって老後はどうするんだろう
生活保護だよな….
エホバが養ってくれると思ってるんだろうけど組織は1円もくれないんだよね…
皮肉だよな 今までさんざん滅びると触れ回っていたサタンの世から養ってもらうんだもんな….
……
ねぇ
組織を憎いと思ったりする？
えっ
なんで
……
私ね

この前
ちはるを幼稚園へ
送っていく途中で
なんとなくその辺の
市営住宅が目に入ったの
そこの
ちょっと古めの
鉄製のドアと
チャイムを見てると
ああ 少し前は
何の迷いもなく
ここを1軒1軒
ピンポンして
回ってたんだなぁ
と思って…
雨の日も
風の日も
土曜日も
日曜日も
家の人の迷惑も
考えずに
嫌な思いを
させられても
ものすごく真剣に
嘘八百を宣べ伝えて
いたんだなぁって…
そう思うとね
恥ずかしくて
死にたくなるっていうか
もう
エホバの組織が
憎くて憎くて
しょうがないって
いうか
どうしようもない気持ちに
なるんだよね…
……

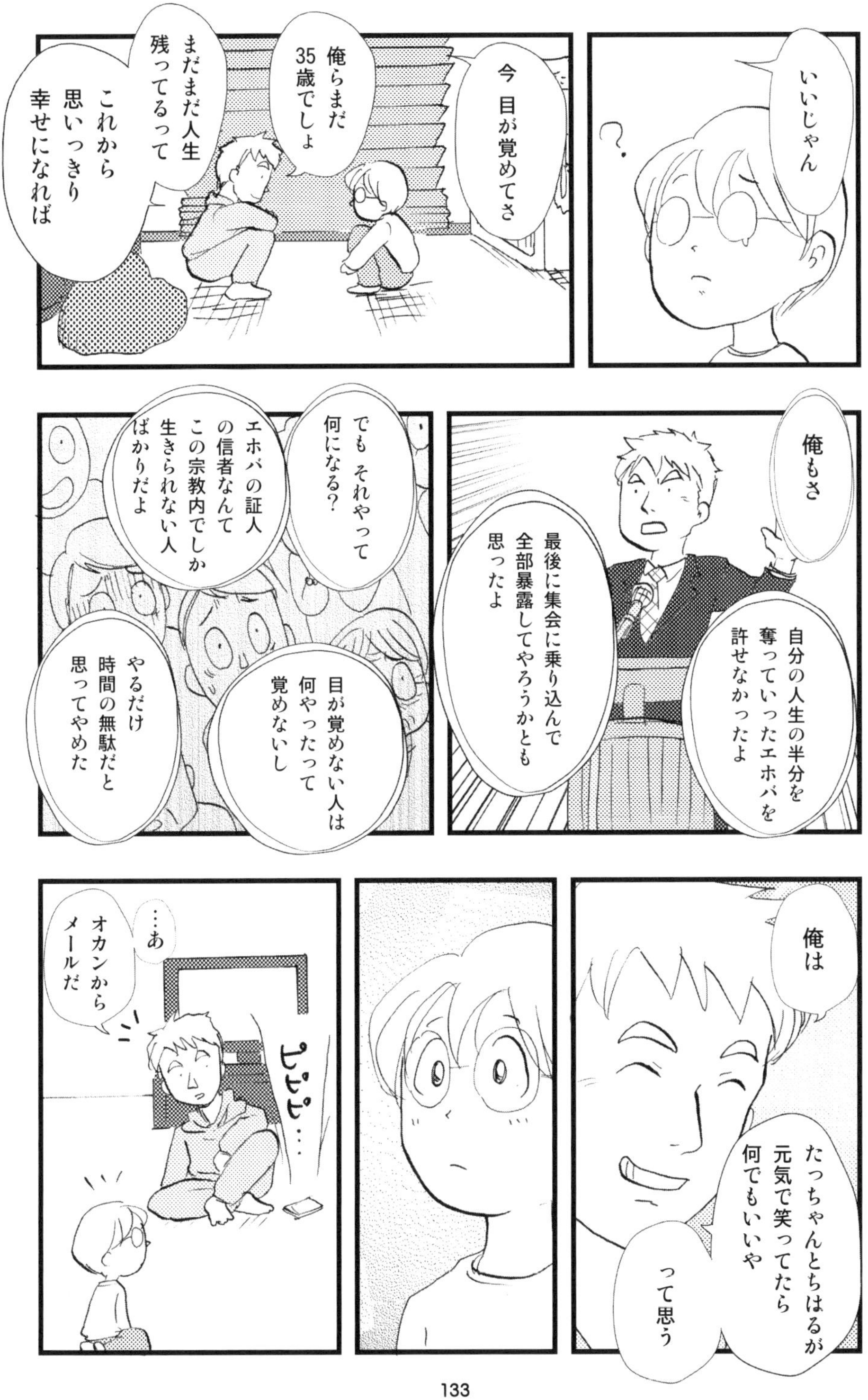
いいじゃん
今 目が覚めてさ
俺らまだ35歳でしょ
まだまだ人生残ってるって
これから思いっきり幸せになれば
俺もさ
自分の人生の半分を奪っていったエホバを許せなかったよ
最後に集会に乗り込んで全部暴露してやろうかとも思ったよ
でも それやって何になる?
エホバの証人の信者なんてこの宗教内でしか生きられない人ばかりだよ
目が覚めない人は何やったって覚めないし
やるだけ時間の無駄だと思ってやめた
俺は
たっちゃんとちはるが元気で笑ってたら何でもいいや
って思う
ピピピ…
…あ
オカンからメールだ

ハハッ
オカン
あきらめて
ねーな!!
「箱舟のドアは
開いてます」だって
オカン
kan×××.jp
件名なし
かんちゃん、エホバのもとに帰ってきてください。箱船のドアはまだ開いていますよ。
母より
オカンたち
エホバの証人って
こうやって…
ノアの箱舟の
真似して
集まり合って
来もしない
ハルマゲドンを
一生待ち続ける
んだろうなぁ…
うん…
なぁ
もし…
もしもの話だよ?
エホバの証人の
言ってたことが
本当だったとして
もし本当に
ハルマゲドンや楽園が
来るとしたら
たっちゃんは
エホバに戻りたいと
思う?
……
戻らない

カンちゃんの
いない
楽園なんて
行ったたって
つまんないよ
たっちゃん…
俺…滅びる
前提？
アハハ
もう 戻らない
ね～まだ
ねないの～？
あ～ゴメン
おこしちゃったね…
じゃあ
ねよっか～
金魚鉢には
戻らない
ちょっとずつでも
広い海に
慣れていこう

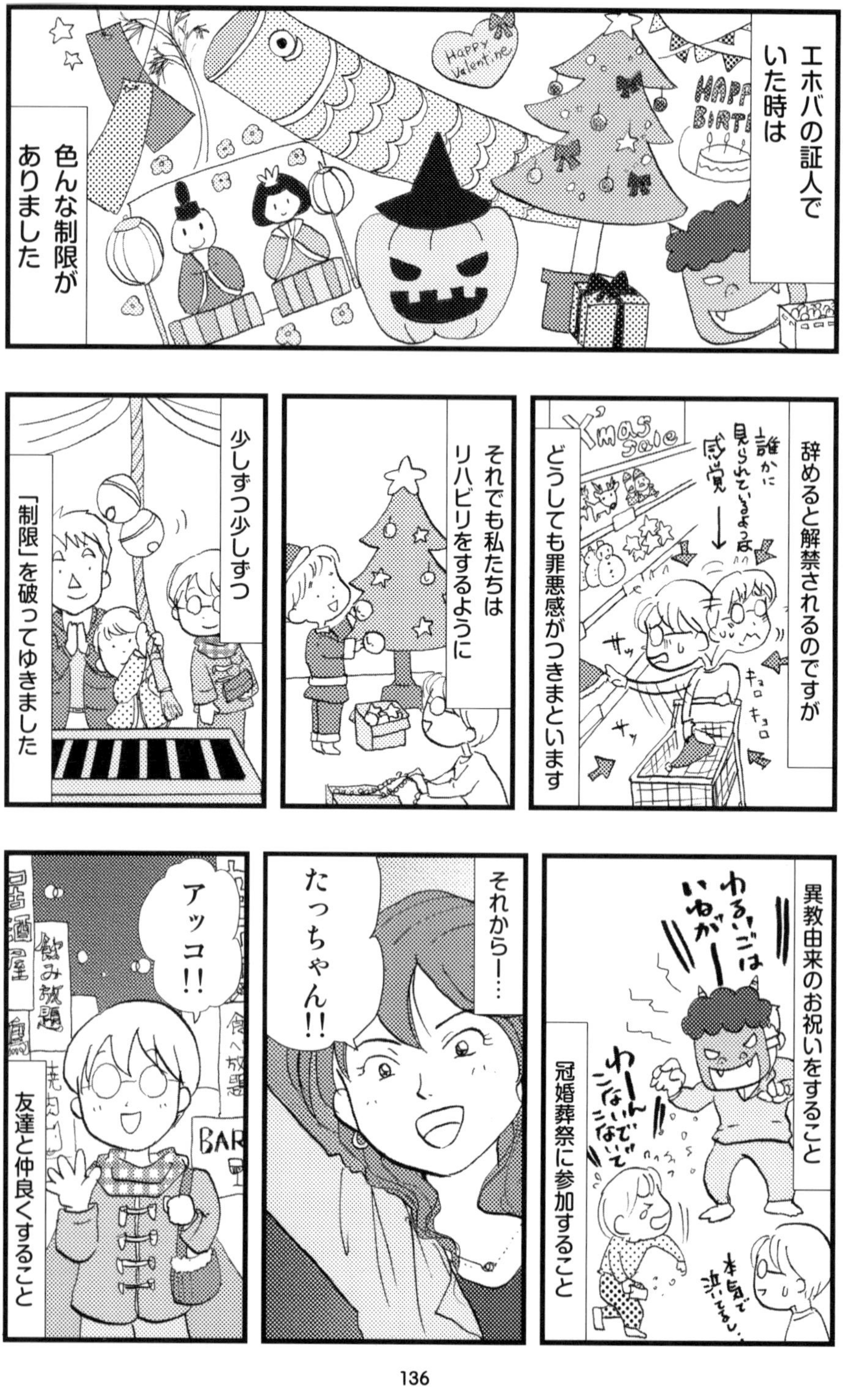
エホバの証人でいた時は
色んな制限がありました
Happy Valentine
HAPPY BIRTH
辞めると解禁されるのですが
どうしても罪悪感がつきまといます
誰かに見られているような感覚
サッ
キョロキョロ
サッ
それでも私たちはリハビリをするように
少しずつ少しずつ
「制限」を破ってゆきました
異教由来のお祝いをすること
わるいごはいねがー
冠婚葬祭に参加すること
わーん こないでこないで!!
本気で泣いてるし…
それから……
たっちゃん!!
アッコ!!
飲み放題
居酒屋
BAR
友達と仲良くすること

Pizza & Pasta
そっかー
辞めたかぁ〜 宗教
うん
今まで色々 迷惑かけて ゴメンね
そんな 迷惑だなんて…
…あっ！
そう言えば 高校の修学旅行で アンタかたくなに寺に 入らなかったよね!!
そ…その件に関しては…
誠に申し訳なく…
あの時アッコが 言ってくれた 言葉
おかしいって!!
考えてみなよ
今になって すごく響いてるよ ありがとね…
そう…
よかった
いつか届けばいいと 思ってたから
「世の人」は 怖い人ばかりじゃない

私が宗教をしようが
辞めようが
カラオケいこー
アニソンしばり!!
おー!!
バス
ビデオ
変わらず接してくれる人は
いるのだから
私も
そうありたい
ハッピー
バースデー
ちはるー!!
すう…
今は
ふーーっ…
週2回の集会や
布教の時間を報告
することはなくても
純粋に
この世に生まれ 生きていることを
感謝できています
この幸せは
永遠には続かないでしょう
いつかは別れの時が
やってくるのでしょう

でも限りある命だからこそ
今日が最後かもしれないと思うからこそ
その一瞬一瞬を
大切にできるのだと思います
25年前の私は
死ぬのが怖くて
生きる目的が知りたくて
あのきれいなお姉さんの話す
楽園という
“決して死ぬことのない世界”
に魅せられたのだけれど
生きる目的なんてものは
きっと探し求めるようなものではなくて
ただ
入学
生きて
生きて
生きていくうちに

そんなものは
もう どうでもよくなって
成人式
いつか自分がこの世から
いなくなる時には
「あー楽しかった」
「いつかまたどこかで」
って言えるんじゃないかと
思うのです
――たっちゃん
またひとりで
ボーっとしてるし
ママー
誕生日も祝ったし
クリスマス
ツリーも
買った
自由気ままな
旅行も行けた
次は何しようか？

おしまい。

おわりに

最後まで読んでいただき、ありがとうございました。

「私もこうだったわ」「カルトって怖いな」「うちの母ちゃんと同じだ」等々、さまざまな感想をお持ちかと思います。

中には、「現在カルトにハマっているあの人に、これを読んでもらおう」なんて思われる方もおいでかもしれません。でも、正直にお伝えしますが、やめておいたほうがいいでしょう。

洗脳されている当の本人は（かつての私も含め）自分が洗脳されているなんて夢にも思っていません。むしろ、唯一無二の真理を知ることができているという、謎の優越感を抱いています。そして真理を知らない人、知っていても神の教えを守らない人を、「いずれ滅びる気の毒な人、救いの必要な人」とみなしています。

今思えば恥ずかしい話なのですが、要するに上から目線なのです。自分が見下している人の言葉が、心に響くことはありません。「サタン！」と叫ばれるのがオチでしょう。

エホバの洗脳は、強烈な自己否定から始まります。人間は不完全で罪深く、エホバの助けなくしては何一つ正しく行えないと、神と組織に隷属させられます。

そのうち感覚が麻痺して、自分の頭で考えるのをやめます。こうして、宗教には絶対服従、しかし外部の者には上から目線という、厄介な生き物が誕生するわけです。

それにしても、私はなぜ途中で「ＮＯ」が言えなかったのでしょう。

もともと人付き合いの苦手だった私は、「人に嫌われたくない」といつも思っていました。もめごとを起こしたくない、自分が譲ることで平和になるならそれでいいという考えだったので、生まれてから35年間、喧嘩というものをしたことがありませんでした。親兄弟とも、主人ともです。

私はカルトにはまりやすい人間だったのかもしれません。多少嫌なことがあっても「ＮＯ」の言えなかった私は、カルト宗教でなくても、いずれブラック企業だったり、合わないママ友グループだったりと、他人にいいようにこき使われる人生を送っていたかもしれません。

私はカルトを辞めてから、自分の思考回路を修正し始めました。まずは、自分を許してあげる必要がありました。組織を裏切り、親を悲しませても、自分の頭で考え、自分のために生きることを許してあげる必要が。

そして自分に言い聞かせました。世の中は善と悪だけではない。異なる意見の人がいても、決して敵ではない。人から聞かれてもいない話をつらつらと話し続けてはいけない。嫌われていないかとビクビクしなくてもいい。合わない人は何をしたって合わないのだから、いつも気持ち2メートルくらいの距離感を持って接していたらいい。大丈夫、わたしは大丈夫と。

「日本には信教の自由がある」

高校時代、現代社会の授業で先生がそう話していました。イケメンで背の高い、素敵な先生でした。

「しかし、信じない自由もある」

先生はそう続けました。

当時は、とあるカルト教団による無差別テロ事件が世間を賑わせていました。イケメン先生は私たち生徒に何かを伝えたかったのでしょう。

「子どもを殺す宗教」

そう非難されたことがあります。エホバの証人であった当時は、なんてひどい事を言うのだろう、何も知らないくせに！　と思ったものですが、何も知らないのは私の方でした。

エホバの証人は確かに子どもを殺していました。子どもの人権を侵害し、自由を奪い、教えに背くなら存在を否定し、輸血拒否で実際に命を——。

「日本には信教の自由がある。しかし、信じない自由もある」

信仰を持つことで幸せになれる人も確かにいることでしょう。それを否定することはできません。

しかし、子どもたちだけには、信じない自由を与えてあげてほしい。神のフィルターを通さなくても、存分に愛してあげてほしい。私はそう願います。

今現在、カルト宗教から抜け出せずにいるあなた。

宗教に限らず、今いる世界で生きづらさを感じながらも、「NO」が言えない優しいあなた。

そして、愛する人をカルトに奪われてしまっているあなたに。

この漫画が少しでもお役に立てることを願います。

最後に、書籍化を実現してくださった彩図社様、根気よく制作に付き合ってくださった担当の大澤さん、アメブロやTwitterのみんな、また、名前は変えてあるものの、勝手に漫画の登場人物にしてしまった多くの方々……。本当にありがとうございました。

2018年3月吉日　たもさん

著者略歴
たもさん
10歳の時に母親に連れられてカルト宗教に入信。進学や夢、友人関係など、多くのものを宗教による制限のために諦めてきたが、息子の病をきっかけにカルト宗教への違和感を強め35歳の時に脱退。
その後アメーバブログ「たもさんのカルトざんまい」やTwitterなどで細々と活動中。

ブログ：https://ameblo.jp/kammile/
ツイッター：@tamosan17

カルト宗教信じてました。

2018年5月22日　第1刷

著　者　たもさん

発行人　山田有司

発行所　株式会社　彩図社
東京都豊島区南大塚3-24-4
MTビル　〒170-0005
TEL：03-5985-8213　FAX：03-5985-8224

印刷所　シナノ印刷株式会社
URL　http://www.saiz.co.jp　https://twitter.com/saiz_sha

ISBN978-4-8013-0300-3　C0095